名师名校名校长书系

环境知识与保护

张克芳／主编

北京燕山出版社

YSP
BEIJING YANSHAN PRESS

图书在版编目（CIP）数据

环境知识与保护 / 张克芳主编. — 北京：北京燕山出版社，2019.10
ISBN 978-7-5402-5439-1

Ⅰ.①环… Ⅱ.①张… Ⅲ.①环境教育—高中—教材
Ⅳ.①G634.981

中国版本图书馆CIP数据核字（2019）第200068号

环境知识与保护

作　　者	张克芳	
责任编辑	满　懿	
出版发行	北京燕山出版社	
社　　址	北京市丰台区东铁营苇子坑路138号C座	
电　　话	010-65240430	
邮　　编	100054	
印　　刷	北京虎彩文化传播有限公司	
经　　销	新华书店	
开　　本	170mm×240mm　16开	
字　　数	113千字	
印　　张	6.25	
版　　次	2022年6月第1版	
印　　次	2022年6月第1次印刷	
定　　价	45.00元	

前　言

　　——绿水青山就是金山银山。

　　——安顺要建成"蓝天　碧水　宁静　洁净"的生态城市。

　　把安顺打造成"宜居安顺 绿色家园"和"山水田园、绿色生态、宜居宜游、开放创新、历史文化"五型城市。

　　要实现上述目标，生态文明的理念就必须深入广大民众的意识当中。在学校教育中，学生环境保护意识的培养和提高刻不容缓，以生态文明为基本理念编写安顺市地方教材《环境知识与保护》，完全符合安顺现代社会发展的要求。

　　我们编写《环境知识与保护》地方教材的目的，就是要通过学校开设环保教育课程把环境保护的理念渗透到每个学生的思想和行动之中，并培养学生从思考到行动的环境保护的能力，强调培养学生的社会责任感。

　　本教材立足于安顺，选取了安顺的素材，如学生观鸟日记、贯城河治理历史等本地案例，让学生结合真实材料进行思考、讨论，逐步形成负责任的环境保护意识。本教材的栏目设有"自主探究""案例展示""习得领会""行动实践"，强调学生的参与和环保实践，改进在环境教育上存在的知行不统一，能说不能做的问题。

　　由于编者水平有限，错讹之处望读者批评指正！

张克芳

2017年12月

目　录

模块一　环境污染　环境问题

第一课　呼吸之事：大气保护 ················· 2

第二课　生命之源：水源保护 ················· 12

第三课　生命之本：土壤保护 ················· 20

第四课　城市烦恼：噪声污染 ················· 27

第五课　垃圾处理：变废为宝 ················· 37

模块二　生态破坏　生态保护

第六课　孤单人类：物种减少 ················· 48

第七课　植被破坏：水土流失 ················· 59

模块三　绿色家园　生态城市

第八课　绿色生产 ······················· 70

第九课　绿色生活 ······················· 77

第十课　绿色社区 ······················· 84

模块一
环境污染　环境问题

第一课　呼吸之事：大气保护

　　大气是指在地球周围聚集的一层很厚的大气分子，称为大气圈。像鱼类生活在水中一样，人类生活在地球大气的底部，并且一刻也离不开大气。大气为地球生命的繁衍、人类的发展提供了理想的环境。它的状态和变化，时时处处影响到人类的活动与生存。低层大气是由一定比例的氮气、氧气、二氧化碳、水蒸气和固体杂质微粒组成的混合物。

　　随着现代工业和交通业的迅猛发展，烟尘和汽车尾气等的过量排放，人类人为向大气中排放的污染物越来越多，种类越来越复杂，引起大气成分发生急剧的变化，超越了大气自然净化的能力界限，接踵而至带来的是一个十分严峻的问题——大气污染。

2014 年 APEC 会议期间北京蓝蓝的天空与平日
重霾天气形成鲜明对比，网友戏称"APEC 蓝"

2015 年圣诞节，北京再中"霾"伏，图为游客戴着口罩在天坛游玩

自主探究

1. 探究内容

（1）查找资料，了解什么是"大气污染"和我国大气污染的状况。

（2）查找资料，了解近三年安顺市的大气优良率和大气保护情况。

（3）了解大气污染的危害主要有哪些。

2. 探究目标

（1）关注大气保护，了解我国大气保护的状况。

（2）通过查看资料和实地考察，了解安顺市大气保护和管理状况。

（3）认识治理大气污染的重要性和紧迫性，探究取得实效的经验、做法和建议。

案例展示

安顺秸秆焚烧带来的问题

2015年10月16日，环境保护部向媒体通报，全国338个地级及以上城市中，廊坊、济宁、保定、聊城、滨州、滁州、北京、宿州、枣庄、济南、淄博、莱芜、蚌埠、阿克苏地区、东营、马鞍山、潍坊、唐山、衡水、安顺、淮南、德州、泰安、周口、自贡、淮北、泰州、合肥、南京等29个城市发生了重度及以上污染情况。此次安顺上榜，从安顺市环保局公布的相关数据中获悉，主要原因之一便是焚烧秸秆产生的烟雾。

田间地头焚烧秸秆

乡村烟雾缭绕

焚烧秸秆会带来许多危害，如由于燃烧不完全会导致浓烟四起，瞬间在局部区域向大气中排入大量的二氧化碳、二氧化氮、可吸入颗粒物，致使空气污浊，对人的眼睛、鼻子和咽喉黏膜产生刺激，危害人们的身体健康，影响人们的正常生活。焚烧秸秆使地面温度急剧升高，能直接烧死、烫死土壤中的有益微生物，降低土壤活性，造成农田质量下降。

同时，秸秆焚烧极易引燃周边的易燃物，一旦引发火灾，将威胁群众生命财产安全，后果不堪设想。此外，焚烧秸秆还易引发交通事故，影响道路交通和航空安全。

2015年10月20日，安顺市人民政府发布了《关于全面禁止露天焚烧秸秆的通告》，重拳整治焚烧秸秆行为，凡在露天焚烧秸秆的均属违法行为，对直接焚烧人予以处罚；土地承包人的土地上发现秸秆焚烧现象，但不能确定焚烧人的，土地承包人负监管责任。多部门联动24小时驻守、巡查和值班，严控焚烧行为。

据以上资料完成：

1. 说说你自己居住的周边是否有焚烧秸秆的现象。

2. 以学习小组为单位，分组收集资料，了解秸秆的综合利用可以从哪些方面入手，并向全班同学做介绍。

习得领会

1. 大气污染的定义

按照国际标准化组织（ISO）的定义，大气污染通常是指"由于人类活动或自然过程引起某些物质进入大气中，呈现出足够的浓度，达到足够的时间，并因此危害了人体的舒适、健康或环境污染的现象"。

2. 大气污染的原因

气体污染物在大气中平均停留时间少至几分钟，多至几十年、百余年。大气污染物一般分为两级：一级（原生）污染物，即由污染源直接排入大气的；二级（次生）污染物，是由一级污染物在大气中进行热或光化学反应后的产物。后者往往危害性更大。大气污染主要来源于人类生活及生产活动，大气的人为污染源主要有三种。

（1）生活污染源。人们由于烧饭、取暖、沐浴等生活上的需要，如炉灶、锅炉等燃烧化石燃料，而向大气排放的煤烟和SO_2等，具有量大、分布广、排放高度低等特点，其危害性不容忽视。

（2）工业污染源。包括火力发电厂、钢铁厂、水泥厂和化工厂等耗能较多企业燃料燃烧排放的污染物，各生产过程中的排气（如炼焦厂向大气排放H_2S、酚、苯、烃类等有毒物质；各类化工厂向大气排放具有刺激性、腐蚀性、异味或恶臭的有机和无机气体；化纤厂排放的H_2S、NH_3、CS_2、甲醇、丙酮等，以及生产过程中排放的各种矿物和金属粉尘。

（3）交通运输污染源。由飞机、船舶、汽车等交通工具（移动源）排放的尾气。在一些发达国家，汽车排放的尾气已构成大气污染的主要污染源。

3. 大气污染的危害

人为排放的大气污染物有数十种之多，量多并且危害也较大的大气污染物对人体的危害如下表所示。

大气污染物对人体的危害

名称	对人类生活的影响
二氧化硫	视程减少、流泪、眼睛出现炎症。闻到有异味、胸闷、呼吸道出现炎症、呼吸困难、肺水肿、迅速窒息死亡
硫化氢	恶臭难闻，恶心、呕吐，影响人体呼吸、血液循环、内分泌、消化和神经系统，昏迷、中毒死亡
氮氧化物	闻到有异味，支气管炎、气管炎、肺水肿、肺气肿、呼吸困难、死亡
粉尘	伤害眼睛、视程减少、慢性气管炎、幼儿气喘病和尘肺、死亡率增加、能见度降低、交通事故增多
光化学烟雾	眼睛红痛、视力减弱、头痛、胸痛、全身疼痛、麻痹、肺水肿，严重的在1小时内死亡
碳氢化合物	皮肤和肝脏损害，致癌死亡
一氧化碳	头晕、头痛、贫血、心肌损伤、中枢神经麻痹、呼吸困难，严重的在1小时内死亡
氟和氟化氢	强烈刺激眼睛、鼻腔和呼吸道，引起气管炎、肺水肿、氟骨症和斑釉齿
氯气和氯化氢	刺激眼睛、上呼吸道，严重时引起中毒性肺水肿
铅	神经衰弱、腹部不适、便秘、贫血、记忆力低下

4. 我国的现状

生态环境部专家指出，现阶段在我国"几乎所有的污染物排放指标和二氧化碳排放指标在全世界排放量都是第一，整个大气的污染程度前所未有"。

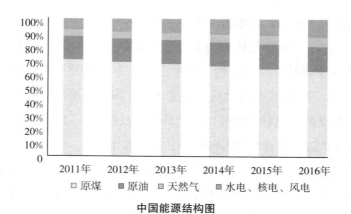

中国能源结构图

近年来，虽然我国大气污染防治工作取得了很大的成效，但由于各种原因，我国大气环境面临的形势仍然非常严峻。大气污染物排放总量居高不下，全国大多数城市的大气环境质量超过国家规定的标准。城市大气环境中总悬浮颗粒物浓度普遍超标；二氧化硫污染保持在较高水平；机动车尾气污染物排放总量迅速增加；氮氧化物污染呈加重趋势；全国形成华中、西南、华东、华南多个酸雨区。

思考

1. 我国能源结构组成有哪些特点？

2. 我国大气污染的最主要污染源是什么？

5. 我国大气保护的措施和途径

2013年9月，国务院出台《关于印发大气污染防治行动计划的通知》（国发〔2013〕37号，简称《大气十条》），提出了大气污染防治的总体要求、奋斗目标和政策举措。这是当前和今后一个时期，中国大气污染防治工作的行动指南。《大气十条》的严厉性超出以往我国任何大气污染防治政策法规。

《大气十条》对中国大气污染治理提出了非常具体和明确的目标。整体目标：经过五年努力，全国空气质量总体改善，重度污染天气较大幅度减少；京津冀、长三角、珠三角等区域空气质量明显好转。力争再用五年或更长时间，逐步消除重度污染天气，全国空气质量明显改善。具体指标：到2017年，全国地级及以上城市可吸入颗粒物浓度比2012年下降10%以上，优良天数逐年提高。

减排
① 调整能源结构。
② 对燃料进行预处理。
③ 资料综合利用，改进技术和生产工艺。
④ 加强企业管理。
⑤ 及时清理和妥善处置工业、生活和建筑废渣，减少地面扬尘。

途径

发展植物净化
植物具有美化环境、调节气候、截留粉尘、吸收大气中有害气体等功能，可以在大面积的范围内，长时间地、连续地净化大气。植物净化是行之有效的方法。
在城市和工业区有计划地、有选择地扩大绿地面积是大气污染综合防护具有长效能和多功能的措施。

治污
① 去除烟尘和各种工业粉尘。
② 吸收有害气体。
③ 回收利用，使有害气体无害化。

环境自净能力
大气环境的自净能力有物理、化学作用（扩散、稀释、氧化、还原、降水洗涤等）和生物作用。充分利用大气自净能力，可以降低大气中污染物浓度，避免或减少大气污染危害。

我国大气保护的途径

📖 行动实践

1. 1943年洛杉矶烟雾事件

美国洛杉矶光化学烟雾事件是世界有名的公害事件之一，20世纪40年代初期发生在美国洛杉矶市。光化学烟雾是大量碳氢化合物在阳光作用下，与空气中其他成分起化学作用而产生的。这种烟雾中含有臭氧、氧化氮、乙醛和其他氧化剂，滞留市区久久不散。在1952年12月的一次光化学烟雾事件中，洛杉矶市65岁以上的老人死亡400多人。1955年9月，由于大气污染和高温，短短两天之内，65岁以上的老人又死亡400余人，许多人出现眼睛痛、头痛、呼吸困难等症状。直到20世纪70年代，洛杉矶市还被称为"美国的烟雾城"。

洛杉矶——"美国的烟雾城"

2. 1952年英国伦敦烟雾事件

1952年12月5～9日，由于逆温层作用及连续数日无风，煤炭燃烧产生的多种气体与污染物在伦敦上空蓄积，12月5日开始，城市连续四天被浓雾笼罩，能见度极低，司机甚至需要人坐在引擎盖上指引才能开车。四天的浓雾造成1.2万人死亡，这是和平时期伦敦遭受的最大灾难。这一事件直接推动了1956年《英国洁净空气法案》的通过，英国政府通过推动家庭采用天然气等取暖、从大城市迁出火电厂、限制私家车、发展公共交通、建立节能写字楼、提高现有建筑能源利用率、利用新能源等方式，经过近30年努力，才摘掉了"雾都"的帽子。

伦敦烟雾事件发生时的街景

思考

1. 发生这些大气污染的城市在产业发展上都有什么共同之处？
2. 上述大气污染事件容易发生在什么大气状况下？为什么？

材料一

安顺市获"中国最佳避暑旅游城市"称号

2017年7月8日，"第三届中国避暑旅游产业峰会"在贵州安顺市举行，安顺市获"中国最佳避暑旅游城市"称号。

最佳避暑旅游城市标牌

近年来，安顺市城市空气质量优良率较高，全年舒适期10个月。7月平均气温21.9℃，比庐山（22.5℃）、承德（25.0℃）等避暑胜地偏低1℃～2℃及以上。自1951年后，安顺未出现35℃以上的高温天气。夏季平均风速为2.3m/s，适中的风速吹走了夏季的闷热。安顺市境内负氧离子浓度高为2.8万个/cm³以上，天然辐射低，紫外线辐射度全年为3800MJ/m²，适宜居住、避暑和旅游。

今后，安顺将继续在得天独厚的气候优势上做好文章，大力开发避暑康养、运动健身、休闲度假等旅游产品，不断丰富旅游休闲业态，加快建成国家全域旅游示范区，努力把安顺打造成为国际知名、国内一流山地旅游休闲目的地。

请查阅资料，统计安顺2014年、2015年、2016年三年的空气质量优良率。安顺能当选"中国最佳避暑旅游城市"的主要原因有哪些？

材料二

空气罐头

空气罐头出现于第一次世界大战。在从法国赴美国的途中，艺术家杜尚被边检人员拦下，询问鼓鼓的行李包里装有何物，他随口回答"巴黎空气"。这一句玩笑话，触动了杜尚的创作灵感，1919年他把一个玻璃器皿中的液体抽掉，然后将之命名为"巴黎空气"，赠送给两位美国收藏家。

法国的"巴黎空气"

　　真正将"空气罐头"作为商品出售则始于日本。在富士山景区，有一种有趣的纪念品——空气罐头。各种各样精美的瓶瓶罐罐被整齐地摆在店铺中，里面装着来自各地的新鲜空气。美国富翁诺克到日本的富士山来观光旅游，他发现当地的空气特别好，让他心旷神怡，忽然间有一个念头出现在他的脑子里："把这个空气拿到市场上去卖。"于是，他就找了一些研究人员，在市场上大肆宣传空气好的各项指标，以及它能够对人体健康产生怎么样的促进作用。他把富士山的空气装进一个一个的罐头里，把它叫成富士山空气罐头。他通过一个制造生产厂商把它推广到日本的各地。空气对人来说应该是一个非常司空见惯的事物，谁也没注意这个空气也能卖，结果由于空气污染越来越引起人们的注意，富士山空气罐头反而在日本非常畅销，并进一步打开美洲和欧洲的市场。

日本的纪念品"空气罐头"

　　2014年全国"两会"期间，中共中央总书记、国家主席习近平参加贵州团审议时则称：将来可以制作贵州的"空气罐头"。

辩论赛

　　推选一名主持人，主持辩论活动，邀请几位科任老师组成评判团，全班同学分成正方和反方。

　　辩题：贵州的空气做"空气罐头"是否可行？

第二课　生命之源：水源保护

　　水是生命之源，是人类赖以生存和发展的、不可缺少的、最重要的物质资源之一。水在自然环境和社会环境中是极为重要而活跃的因素。山清水秀、鸟语花香、潺潺流水、风调雨顺、五谷丰登，是人类追求和向往的美好环境，也是人类劳动创造和精心呵护的硕果。然而，伴随着众多经济指标的增长，工业发展、城镇化提速以及人口数量的膨胀，我国面临着水污染十分严峻的环境形势。那么什么是水污染？水污染产生的原因是什么？作为地球村的一员，我们又该做些什么呢？

自主探究

1. 探究内容

（1）了解水污染的概念及我国与安顺水污染现状。

（2）理解水污染产生的原因及危害。

（3）提出防治水污染的措施（合理且具有可操作性）。

2. 探究目标

（1）探讨安顺贯城河水污染引起的原因并提出合理可行的解决措施。

（2）培养合作意识和探究意识，培养社会责任感和解决环境问题的能力。

3. 方法及要求

（1）按照自愿原则，5～6人为一个任务组，并推选出每组的负责人、资料整理员、记录员、发言人。

（2）借助互联网、报纸、地理刊物等，为进一步学习准备素材（建议将收集的资料进行整理和提炼）。

（3）在查阅资料的基础上，每组选择一个角色（如环保局工作人员、生活在农村污染地区的农民、城市居民、环保宣传志愿者、环境问题研究专家、企业家、学生……），从各自利益及角度出发来探究安顺水污染引起的原因并提出合理可行的解决措施。资料整理员和记录员对小组讨论意见进行梳理，并整理出发言材料。

（4）要求：组长协调，使各组角色不重复；征求老师意见，使角色安排合理，充分展现小组成员的才能。

案例展示

案例一

安顺"母亲河"之痛

安顺市区贯城河的西水关、碧波桥、七道堰河段，曾经流水潺潺，是儿童嬉戏闹水的乐园；沿河的堰坎是洗衣洗菜的好去处；在许多年长一点的安顺人记忆中，这条河是当之无愧的"母亲河"。河岸边的大龙井、双眼井，井水甘甜、常年不竭，滋养一方百姓；碧漾湾因碧波荡漾而得名；东岳庙（今弘福寺）到黄古井一段，有百年银杏树，夏日里浓荫覆河，秋冬时虬枝铁干，古寺夕阳，为河景一绝。

清朝咸丰年编撰的《安顺府志》中郡城八景有两处与贯城河有关。

曲波泻月：……两岸皆加修砌，当鸭头新涨，蟾彩初圆，一波三折，荡漾中流，沿岸溯回，所谓明月前溪后溪者，古人不我欺也。

砚石濯流：东水关左侧，斜铺一石，谓之砚石。沦漪旋绕，苔痕晕碧，游其间者，令人有石上题诗之慨。

此等景致于今日已无处可寻了。

20世纪80年代以后，城市化进程加快，人口剧增。生活垃圾、城市废水大量增加，产生的大量生活污水被直接排放到贯城河中，严重超出了河流的自净能力。我们的母亲河——贯城河越来越脏，越来越臭！小桥流水俱往矣！

为了使安顺人有一个干净卫生、绿色生态的水生态环境。2000年以来，政府投入了大量资金进行河道改造工程。2017年，贯城河迎来又一次"大手笔"治理，贯城河综合治理工程PPP项目已经全面开工。该工程将对贯城河东支流（虹山湖至合和桥）、西支流历史文化街区段（中华北路大桥至合和桥）、主河道（合和桥至黄果树大街）河段进行治理。治理主要内容为河流防洪工程、截污工程、治污工程、补水管重建工程、景观工程，并以河道及河堤整体治理的方式同步推进河道断面重塑（含河道清淤、新建翻板坝等）、滨水景观提升、水质及水环境改善等。

污染后的贯城河

改造中的贯城河

治理后的贯城河

案例二

安顺市全面推行河长制

安顺市委办公室、市政府办公室联合印发《安顺市全面推行河长制工作方案》（以下简称《方案》），根据《方案》要求，2017年起，安顺市将全面推行河长制，全市所有河流将实现河长制管理。

全面推行河长制是落实绿色发展理念、推进生态文明建设的内在要求。贵州省是长江流域、珠江流域重要的生态屏障，是国家生态文明试验区。全面推行河长制，责无旁贷、意义重大，这是解决中国复杂水问题、维护河湖健康生命的有效举措，是完善水治理体系、保障国家水安全的制度创新。

安顺市在全市范围内全面推行市、县（区）、乡（镇、街道）、村（社区）四级河长制。市、县（区）、乡（镇、街道）设立"双总河长"，各级河长将负责组织领导相应河流的管理和保护工作，包括统筹河湖管理保护规划，落实水资源管理制度，加强江河源头、水源涵养区、饮用水源地保护，水体污染综合防治，强化水环境综合治理，推进河湖生态保护与修复。

思考

1. 根据安顺市贯城河水环境的变化，探讨我们的"母亲河"水质不断恶化的原因。讨论通过治理我们的"母亲河"能否恢复往日容颜？

2. 如果你是安顺市贯城河河长，可以从哪些方面做好贯城河的保护治理工作。

习得领会

一、水污染的概念

水污染指人类活动排入水体的污染物，超过水体的自净作用而引起水质恶化，破坏了水体原有用途的过程。

二、水污染形成的原因

造成水污染的原因有自然的和人为的两方面因素。一般所说的水污染是指人为污染。它包括工业废水、生活污水、农田排水未经处理而大量排入水体所造成的污染。

1. 工业废水

工业废水是水体主要污染源，它面广、量大、含污染物质多、组成复杂。有的毒性大、处理困难，如造纸、纺织、印染、食品加工等轻工业部门在生产过程中常排出大量废水，而且这些废水中的有机质，在降解时消耗大量溶解氧，易引起水质发黑变臭等现象。此外，还常含有大量悬浮物、硫化物、重金属等。

2. 生活污水

生活污水的总特点是有机物含量高，易造成腐败。此外，因在厌氧细菌条件下，易产生恶臭物质，如硫化氢、硫醇等。生活污水中含合成洗涤剂量大时，对人体有害。家庭污水一般很混浊，生化需氧量为100～700mg/L。安顺市所在两江流域以生活污水污染为主，生活污水污染源占80%以上（全国平均50%左右）。

3. 农业污染源

农业污染源是指由于农业生产而产生的水污染源。如降水所形成的径流和渗流把土壤中的氮、磷和农药带入水体；牧场、养殖场、农副产品加工厂的有机废物排入水体，它们都可使水体的水质恶化，造成河流、水库、湖泊等水体污染。

三、水污染的主要危害

污水中的酸、碱、氧化剂，以及铜、镉、汞、砷等化合物，苯、酚、二氯乙烷、乙二醇等有机毒物，会毒死水生生物，影响饮用水源、风景区景观。污水中的有机物被微生物分解时消耗水中的溶解氧，影响鱼类等水生生物的生命，水中溶解氧耗尽后，有机物进行厌氧分解，产生硫化氢、硫醇等难闻气体，使水质进一步恶化。还会因石油漂浮水面，影响水生生物的生命，引起火灾。

四、水污染的治理

1. 资金、行政、法律保障措施

资金支持是必不可少的条件，资金支持是污染治理重要的条件之一，没有资金，一切治理措施就无法实施。政府的支持是后盾，城市水系污染治理涉及面很广，不但涉及居民，还涉及外地人员，涉及部队系统，涉及少数民族，也会涉及权力持有者的利益。因此，单靠水利部门是无法解决问题的，即使再加上环保部门，力量依然是苍白无力的。需要市政府的强力支持，市政府也需要中央政府的支持。没有一个强大政府的支持，许多强制性措施就难以行得通。法律法规是人们共同遵守的准绳，应制定保护城市水环境的地方性法律，让水系管理部门有法可依，依法行政，这样一些事情做起来会容易一些。

2. 工程保障措施

必须实施彻底截污、雨污分流，实地调查结果显示，生活污水是水系最严重的污染源，将生活污水完全截留是治污的根本。另外，由于雨水管经常被用作排污管，所以实施污/雨分流也是重要措施。污水送入污水处理厂处理，雨水则可直接排入自然水体中，降低污水处理厂处理负荷，污水可以通过河道排放。

3. 市政管理措施

（1）加强城市卫生综合管理。

（2）合理布置垃圾处理站点、公共厕所。

（3）拆除一切造成污染的违章建筑。

4. 水资源调控措施

水资源不足是影响水质的重要因素，河水不流，水质就会恶化。应加强水源调配方面的研究，如何既节约水源又保护水环境是必须研究的课题。建设一批污水处理厂，应加强处理水的应用，处理厂与输水管道应同时规划、同时设计，将处理后的洁净水引入河道，这样既节约水资源又可保护水环境。

行动实践

夜郎湖位于安顺以北35000米，属省级风景名胜区，是1993年修建普定梭筛电站而形成的一个人工湖，湖区全长42000米，湖域面积19.5平方千米，蓄水量4.2亿立方米，是安顺市境内最大的优质饮用水源，素有安顺"大水缸"之称。

2015年4月，安顺市人民政府批准实施《安顺市夜郎湖饮用水源地环境保护实施方案》，按照"一年治标、两年治本、三年完成"的要求，全力实施"净缸"工程，采取有效措施，减少污染存量，控制污染增量，对夜郎湖生态环境进行全面保护和生态治理，在保护区范围内修建各类标志、界碑、界桩、警示牌等，并对夜郎湖水质进行常规监测。

安顺夜郎湖

近年来，安顺市、普定县市、县两级环保等相关部门形成合力，齐抓共管，不断加强夜郎湖水环境的保护。积极争取资金，加大投入，实施水源地规范化建设和周边垃圾、污水处理，整治保护区内的违法违章建筑，取缔一级保护区内的捕捞、养殖、航运等设施，禁止和限制对夜郎湖水资源质量有影响的采矿、化工、电镀等产业，开展林业、生态建设和保护，对湖面开展常规巡查和打捞漂浮物工作，切实加强对饮用水源地的保护，进一步加大对沿湖周边非耕地治理，严禁违法圈圩和违法承包耕作，所属乡镇和相关职能部门协同作战，解除承包合同，实施退耕还林、退耕还湖，从严控制水源污染。

为了确保夜郎湖饮用水源地水质安全，从根本上消除集中式饮用水源污染隐患，近年来，安顺市突出重点，启动了城区集中式饮用水源夜郎湖一级保护区村寨搬迁工作。此外，安顺市环保局还建立了数字化环保信息平台，适时监控夜郎湖水的情况。通过数字环保信息平台，可获得水质自动站、各地污水处理厂传输来的监测数据，从而得知水质pH、COD、氨氮、总磷等指标浓度变化情况。数字环保信息平台工作人员可根据这些指标判断水质情况。

如今，走进夜郎湖，湖水清澈见底，碧波荡漾，湖面上碧水与蓝天交相辉映，绿水同青山相映成趣。通过生态修复、生态治理、生态保护，加强水源涵养林的保护，持之以恒、扎扎实实抓好"大水缸"的保护，夜郎湖饮用水源地水质就能长期实现全面达标，让安顺市民长期喝上安全、洁净、健康的水。

活动

1. 通过查阅资料、实地调查，了解夜郎湖湖域污水来源及处理情况。

2. 为了让安顺市民长期喝上安全、洁净、健康的水，我们可以从哪些方面加强夜郎湖水源保护？

第三课 生命之本：土壤保护

　　土壤是在特定成土条件下，经过漫长的成土过程逐渐发育和形成的历史自然体。土壤位于固态地球表面，具有生命活动，是处于生物与环境间进行物质循环和能量交换的疏松表层，是发育于地球陆地表面具有生物活性和孔隙结构的介质。总的来说，土壤是一个复杂而多相的物质系统。

　　土壤为植物提供了养料、水分，为动物提供了生存的栖息地，也为人类提供了住所和制作物品的原料。土壤是人类和动植物共同的生命保障，是生命之本。

自主探究

1. 探究内容

（1）查找资料，探究土壤的组成；利用pH试纸测试安顺地区土壤的酸碱度。

（2）查找资料，了解土壤污染的原因，了解各地真实的土壤污染案例。

（3）角色扮演，分析防治土壤污染的措施。

2. 探究目标

（1）了解土壤的组成和我国不同地区的土壤的酸碱度。

（2）了解我国土壤污染现状。

（3）探讨土壤污染的原因，并思考合理的防治措施。

案例展示

案例一

坐落在广西壮族自治区大新县五山乡三合村的大新铅锌矿，始建于1954年，于2001年关闭，在40余年的开采过程中，没有处理好排污措施，大量废水、废渣进入了三合村灌溉水区，造成大面积耕作区污染。2000年7月，广西农业环境检测站对受污染区稻谷进行检测，镉成分超过国家规定标准11.3倍。

2000年，由广西环境地质研究所出具的对常屯农田受污染状况的调查报告显示，耕地主要污染物包括铅、锌、镉、汞等，其中农田灌溉水样含镉超标17.4倍，土样最高超标达29.1倍，耕地上种植的稻谷含镉超标11.3倍。

当环境受到镉污染后，镉可在生物体内富集，通过食物链进入人体引起慢性中毒。专家建议当地生产的稻谷不宜食用。但并不知情的当地村民直到2005年仍食用污染田地生产的大米，不少村民被检测出镉超标。

土地污染

案例二

堆放灯管碎片污染土壤被判刑

2017年3月1日，顺德区环境运输和城市管理局杏坛分局行政执法人员查到，被告人陈某自2016年7月起，多次在厦门市杏坛镇南华村基围边，大量堆放收购回来的节能灯玻璃碎片，现场堆放了1767.98吨的节能灯玻璃碎片。

根据检测结果分析，陈某所倾倒的固体废物主要涉及的污染物为重金属（汞、砷、铜及锌），堆放节能灯碎片的固体废物区域土壤存在一定的重金属汞、铅污染现象。经过环境损害评估鉴定，陈某堆放的节能灯玻璃碎片属于

《国家危险废物名录》中的危险废物。据庭审法官透露，经过雨水冲刷，若废灯管里的重金属渗透进了堆场的泥土后，需长时间修复或用其他方法处置，将对环境造成不可估量的损害。

庭审法官表示，陈某因非法排放、倾倒、处置危险废物，严重污染环境，其行为已构成污染环境罪。依照相关法律规定，被告人陈某被判处有期徒刑3年3个月，并处罚金人民币30万元。对于涉案扣押的逾千吨节能灯玻璃碎片，顺德区环运局做销毁处理。经核算，本次事件环境损害数额达到478万多元，其中生态环境损害修复费用约为456万元。

思考

1. 结合自己生活的周边土壤环境状况，分析土壤污染包括哪几种。

2. 小组相互合作，查阅资料，讨论土壤被污染后对人类的影响。

3. 你认为可以依靠技术来根治土壤污染吗？过度利用获得的经济收益和恢复土地所花费的资金相比哪个更多？

习得领会

一、土壤的结构和性质

1. 土壤的组成

土壤是由固体、液体和气体三相共同组成的多相体系，具有疏松的结构。

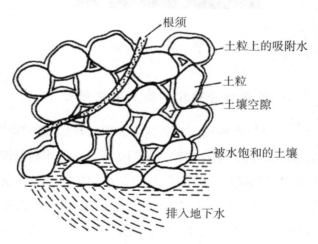

土壤中固、液、气相结构图（S.F.Manahan，1984）

它由各种不同大小的矿物颗粒、各种不同分解程度的有机残体、腐殖质及生物活体、各种养分、水分和空气等组成。

2. 土壤的酸碱性

土壤的酸碱性首先决定于土壤的组成。

我国土壤的pH大多在4.5～8.5范围内，并有由南向北pH递增的规律性。我国长江（北纬330°）以南的土壤，Si、Al、Fe含量较高，三者占土壤总量的95%以上，土壤多为酸性和强酸性，如华南、西南地区广泛分布的红壤、黄壤，pH大多为4.5～5.5，有少数低至3.6～3.8；华中、华东地区的红壤，pH为5.5～6.5；长江以北的土壤（如华北、西北）大多含$CaCO_3$，多为中性或碱性，pH一般为7.5～8.5，少数强碱性土壤的pH高达10.5。

土壤酸碱度分级

酸碱度分级	pH	酸碱度分级	pH
极强酸性	< 4.5	弱碱性	7.0 ~ 7.5
强酸性	4.5 ~ 5.5	碱性	7.5 ~ 8.5
酸性	5.5 ~ 6.0	强碱性	8.5 ~ 9.5
弱酸性	6.0 ~ 6.5	极强碱性	> 9.5
中性	6.5 ~ 7.0		

二、土壤污染源、污染物及对人体危害

土壤污染是人类在生产和生活活动中向环境中排放的"三废"物质通过大气、水体和生物间接地进入土壤，其数量超过了土壤的承受能力时，就会破坏土壤生态系统的平衡，引起土壤的成分、结构和功能的变化。

土壤污染主要表现在重金属污染、农药和化肥污染、有机废弃物污染、放射性物质污染等。

1. 重金属污染

通过土壤影响人体健康的重金属有汞、镉、铅、砷、铜、锌等。土壤中的重金属含量不同对人体的影响也不同。低剂量的重金属能引起急性或慢性中毒，抑制酶的活性，破坏正常的生物化学反应，如铜和矾具有抗生殖作用；铅和汞能影响胚胎正常发育；铅对儿童有很强的神经毒性；铅、砷污染是致癌的主要原因。

受到重金属污染的土地

2. 农药和化肥污染

农药能防治病、虫、草害，如果施用得当，可保证作物的增产，但它是一类危害性很大的土壤污染物，施用不当，会引起土壤污染。有些农药特别是有机氯杀虫剂和含铅、砷、汞等重金属农药及一些除草剂，不易为土壤微生物分解，在土壤中停留时间长，对土壤造成严重污染。农药进入植物体形成高残毒量，使粮食、畜产品、水产品受到污染，威胁人畜健康。长期大量使用农药，使农药在环境中逐渐累积，尤其是在土壤环境中，产生了农药污染环境问题。据初步统计，全国至少有1300万～1600万公顷耕地受到农药污染；每年因土壤污染减产粮食1000多万吨，因土壤污染而造成的各种农业经济损失合计约200亿元。

3. 有机废弃物污染

被有机废弃物污染的土壤在流行病学上被称为特别危险的物质。土壤中含有一定量的病原体，如肠道致病菌、肠道寄生虫、钩端螺旋体、破伤风杆菌、霉菌和病毒等，主要来自医院污水、未经处理的粪便、垃圾、生活污水、饲养场和屠宰场等。其中危害最大的是传染病医院未经消毒处理的污水和污物。

病原体可以在土壤中生存数十天到一年之久。土壤被病原体污染能传播许多传染病，而这些传染病的病原体如果随病人和带菌者的粪便及其衣物、器皿的洗涤水污染土壤，再通过雨水的冲刷和渗透，病原体又被带进地面水或地下水中，就有可能引起这些疾病的暴发流行。此外，还有些人畜共患的传染病或与禽有关的疾病，也可以通过土壤在禽间或人禽间传染，如禽流感。被有机废弃物污染的土壤，是蚊蝇滋生和鼠类繁殖的场所，而蚊蝇和鼠类又是许多传染病的媒介。

4. 放射性物质污染

放射性核素可通过多种途径污染土壤，放射性废水排放到地面上、放射性固体废物埋藏处置在地下、核企业发生放射性排放事故等，都会造成局部地区土壤的严重污染。大气中的放射性物质沉降，施用含有铀、镭等放射性核素的磷肥和用放射性污染的河水灌溉农田也会造成土壤放射性污染。

 活 动

小组合作，查阅资料，分析土壤污染种类和危害，仿照例子填写以下表格。

序号	土壤污染种类	危害	真实案例
1	重金属污染：镉	易患风湿性关节炎、肾炎、溃疡病、癌症，平均死亡率增加	2017年11月6日，江西九江出现"镉大米"

三、我国土壤污染的现状

目前我国土壤污染的总体形势严峻，部分地区土壤污染严重，在重污染企业或工业密集区、工矿开采区及周边地区、城市和城郊地区出现了土壤重污染区和高风险区。土壤污染类型多样，呈现出新老污染物并存、无机和有机复合污染的局面。

近年来，随着经济建设和城镇建设的迅速发展、农业化进程的不断加快、化学制品在农业生产中的集约使用，以及农业生产经营活动中的"短期行为"的不断增多，我国的农业用地污染情况日趋严重，并呈恶化之势。日益严重的土壤污染直接导致农产品品质不断下降，同时也给我国农产品出口遭遇绿色贸易壁垒埋下了严重隐患，直接造成巨大的经济损失。

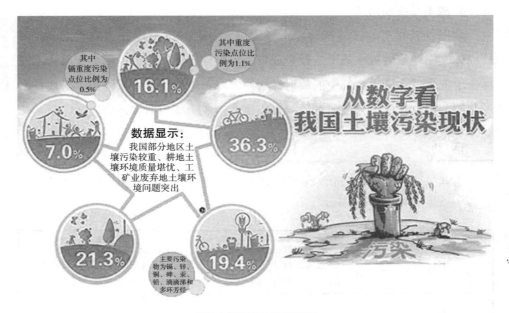

我国土壤污染现状数据图

四、土壤污染防治措施

（1）制定《土壤污染防治法》，完善土壤污染防治的法律、法规体系。

（2）树立农业用地保护同经济建设、社会发展相协调的原则。

（3）建立预防为主、防治结合原则的理念。

（4）加强公众保护环境的法律意识。

（5）加强政府在农业用地土壤污染防治过程中的职责。

行动实践

情景模拟：学生在外出郊游时，遇到田间耕种的农民不断向土地过多施用农药、化肥，乱扔生活垃圾，如电池、塑料袋等。学生上前劝说农民，劝说无效的情况下，请出环保部门工作人员和政府工作人员进行土壤污染的危害、土壤污染治理措施和相应法律法规的宣传。

请分别选择学生、农民、环保部门工作人员、政府工作人员等角色，在查阅资料的基础上，模拟以上情景。通过模拟，达到了解土壤污染的危害和土壤污染的防治措施，提升保护土壤意识的目的。

第四课　城市烦恼：噪声污染

生活在城市的我们，在小区、街道、城市的每个角落，听得最多、记忆最深刻的是城市的声音。经济社会发展的进程中，城市"交响曲"不再让我们觉得悦耳动听，反而让我们感到烦躁与不安，这就是城市噪声。

噪声污染漫画

自主探究

关于安顺城区噪声调查

1. 时间

每个测点测量时间为8～10时、12～14时和18～20时三个时间段。

2. 人员

每组4～6人，每组2台噪声计（声级计），记录本，共7组。

3. 步骤

（1）2～3人站在路段测点处，手持噪声计将电容式麦克风（传声器）贴在离地面高度1.2米左右，站在距离公路1米左右处。

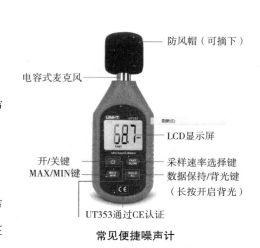

防风帽（可摘下）

电容式麦克风

LCD显示屏

开/关键
MAX/MIN键

采样速率选择键
数据保持/背光键
（长按开启背光）

UT353通过CE认证

常见便捷噪声计

（2）在每个测量时间段内把噪声计调至统一采样速率（慢速和快速），每5秒按压数据保持键，读出一个数据并记录下来，每个采样速率连续记录50次，取平均值为当日的噪声数值。

（3）另外2~3人，分别在如上三个时段，完成每10分钟通过的车辆数量，连续记录6次，取三个时段的车辆数量总和平均值为当日该路段每两小时通过的车辆数量。

（4）将当日的观测数值与我国城市区域环境标准进行比较，了解安顺市城区噪声是否达标。

路段名称	路段起始点	测点名称	车流量（辆/10min）	噪声数值（慢速）-平均值	噪声数值（快速）-平均值	评价（是否达标）
黄果树大街	燕安—黔中大厦	大润发超市门口				
中华东路	市政府路口—老大十字	五小				
塔山东路	新大十字—体育场	人民银行				
塔山西路	新大十字—两可间	原农工站				
中华西路	老大十字—两可间	西街乐购城				
中华北路	老大十字—北门	王若飞广场				
西航大道	花牌坊—兴伟	加油站				

我国城市区域环境标准

类别	昼间	夜间	适用范围
0	50	40	疗养区、高级别墅区、高级宾馆区等特别需要安静的区域
1	55	45	以居住、文教机关为主的区域
2	60	50	居住、商业、工业混杂区
3	65	55	工业区
4	70	55	城市中的道路交通干线道路两侧区域，穿越城区的内河航道两侧区域

注：声压级单位分贝（dB）。

案例展示

案例一

　　某市九龙坡区九龙小学附近的工地在建商品房，从早上7点一直到晚上10点都会听到打地基、浇筑混凝土、工人施工的声音。由于传来的"咚咚"声太大，关上窗户，老师把麦克风声音开到最大，还要大声喊，学生才勉强能听清。在课堂上，学生觉得很吵很讨厌，脑袋很痛，听课效率很差，中午更是完全没办法午休，下午上课打瞌睡的同学增多，师生上课越来越疲惫。有时教学楼还会感到震动，工地产生的灰尘对学生的健康也产生了影响，更为严重的是，教学楼一角墙面和地面连接处有一道近20米的水泥填补裂痕。全校学生和老师都受到噪声的困扰。

案例二

　　某市城北路小吃街附近小区仅有一栋居民楼，住有48户人家。当夏季来临，楼下饭店在路边摆露天夜市，常常经营到很晚，其间喝酒划拳、醉酒、唱歌、啤酒瓶碰撞倒地的声音不断。一些食客的车辆占道停放，造成门前堵车的喇叭声不断。噪声极其严重地损害了周边居民的休息和健康。

安顺某建筑拆迁地

29

活动一

在中国城市的任一角落，以大妈为主流的广场舞成为中国城市生活中的一道风景。

广场舞

1. 你居住的小区或者小区附近是否随处可见大妈跳广场舞的情况？她们有没有烦扰市民的工作和生活？

2. 如何避免广场舞扰民？请你为大家出谋划策做到如何控制广场舞的干扰，同时又不影响邻里关系。

3. 你是否还遇到过其他噪声扰民的情况？如果是你，你该怎么减弱或者防治噪声？

📖 习得领会

一、无形的暴力

1. 噪声定义

最早的噪声定义出自《说文》和《玉篇》，"扰也，群呼烦扰也。"各行业对噪声的定义和说法不尽相同。从心理学的角度定义为凡是人们不需要的声音都称为噪声；医学上认为超过60分贝的声音为噪声；从环境工程角度定义为"不需要的声音"，是属于一种环境现象。

我国1997年3月1日实施的《中华人民共和国环境噪声污染防治法》把超过国家规定的环境噪声排放标准，并将干扰他人正常生活、工作和学习的现象称为环境噪声。为了便于评定人耳能够接收的声音量的大小，用声压级度量声音的强弱，单位为分贝，使用的符号为dB。

不同场景下人耳接收声音量的大小

场景	分贝值（dB）
寂静的夜晚	1～15
耳边的喃喃细语	20～40
正常交谈	40～60
吵闹的场面	60～70
很吵并开始损害听力	70～90
对听力造成极大的损害	超过100

2. 噪声的特点

首先，噪声污染是局部的、多发性的，对环境的影响不积累、不持久，传播的距离也有限。其次，噪声污染属于物理性污染，没有污染物和后效作用，一旦声源停止发声，噪声也就消失。与其他污染相比，噪声不能集中处理，需用特殊的方法进行控制。

3. 噪声的分类

噪声的分类方式有很多种，通过污染源种类可分为以下几种。

（1）交通噪声。主要是汽车、飞机、火车等交通工具在行驶中产生的噪声。城市噪声污染区域中最严重的是交通干线两侧区域和部分商业区。

（2）工业噪声。主要是工业企业在生产活动中使用设备产生的噪声污染。近年来有从城市向农村扩散甚至转移的趋势。

（3）建筑施工噪声。主要是各种建筑机械工作时产生的噪声，特别是夜间施工噪声对居民区人们的生活和心理损害很大。

（4）社会生活噪声。主要是商业、娱乐歌舞厅、体育及庆祝活动，繁华街道上人群的喧哗等引起的噪声。

二、我国噪声污染的现状分析

在环境噪声投诉中，各类噪声污染投诉构成中生活噪声所占比例最大，达50%，其次分别为建筑施工噪声、工业噪声，所占比例最小为交通噪声。

在建设中国特色生态文明的过程中，声环境质量部分地区逐渐得到改善，噪声污染防治工作不断取得进展，但在我国环境监测报告中，整体环境质量呈下降趋势，全国大部分的城市居民工作和生活的环境噪声超标，噪声污染形势依然严峻，防治力度还需加强。

三、噪声的危害

在一份关于噪声对健康影响的全面报告《噪音污染导致的疾病负担》中提到，噪声危害成为继空气污染之后的人类公共健康的第二个杀手。噪声污染给人体带来的健康风险可以用一个金字塔来表示。

噪声污染给人体带来的健康风险

1. 噪声对听力的影响

人耳刚刚能听到的音量强度是一个重要的界限，在医学上称为"听阈"。在对噪声作业人员进行健康体检时经常要用到这个名词术语，若听觉疲劳，为暂时性听阈高；最严重时为爆震性耳聋，也就是突然发出巨大声响（140~160dB），对听力产生极强的损害，引起听觉器官急性损伤。

2. 噪声会诱发其他疾病

受噪声影响血压会升高、压力荷尔蒙的血液浓度增加，可导致心脏病以及心血管疾病。此前曾有数据显示，城市的噪声每上升一分贝，高血压发病率就增加3%。

当噪声作用于听觉器官时，也会通过神经系统的作用波及视觉器官，使人的视神经受影响。有调查显示，在接触噪声的80名工人中，视力出现红、绿、白三色视野缩小者达到80%。

噪声对儿童智力发育的影响严重，在吵闹环境中生活的儿童，智力发育要比在安静环境中的低20%。他们的免疫功能较低，但身体对各种营养素的消耗量也更多。

活动二

> 　　过度暴露在噪声污染中，不仅影响心理健康，也会增加患生理疾病的风险，请找出下列的因果关系。
>
> 短期受噪声污染影响，心烦意乱
>
> 长期受噪声污染影响，视力下降
>
> 睡眠质量差
> 脾气暴躁
> 情绪失控
> 注意力分散
> 记忆力下降
> 失去忍耐性

四、噪声污染的防治对策和解决措施

1. 逐步完善与噪声有关的法律法规和标准体系

除1996年颁布的《中华人民共和国环境噪声污染防治法》外，相关部门还发布了环境噪声监测方法与规范类标准21项，另外还规定了各类型环境噪声排放标准。近年来，我国逐步形成了较为完整的噪声污染防治法规体系。

2. 进行环境噪声的监管

提高噪声污染治理的费用投资，增强对噪声污染违法行为的处罚力度。如在安顺"两考"期间，考场周围100米范围内加大对噪声违法的查处，为考生创造安静的学习、休息和考试环境。

为高考保驾护航

提升各部门噪声监管意识和水平，相应行政部门做好严禁工作，如严格执行机动车禁鸣、限鸣等规定。

持续改善功能区声环境质量，例如在建设道路线上建声屏障等措施。

高速公路降噪声屏障

3. 加大对环境噪声的科学研究投入

在现代信息技术发展中，噪声地图广泛作为评定噪声对人们影响的工具。通过利用声学仿真模拟软件绘制噪声等高线、网格和色带生成噪声值分布图，可为城市居民上网查询自己房屋的噪声值提供方便。

2008 年，中国第一个城市区域噪声地图：深圳市福田南噪声地图（12 平方千米）

　　近年来发展较成熟的噪声利用方法就是在传播途径上隔声、吸声和消声。隔声是用屏蔽物将声音挡住、隔离。吸声主要利用暖声材料或吸收结构吸收噪声，最常用的吸声材料为多孔性材料，如在电影院、体育馆等地的顶端和四周用吸音材料制成圆柱、方形等形状的结构，达到吸声的目的。消声就是利用消声器来降低空气中声波和噪声的传播，如利用"有源消声技术"消除空调器、大功率冰箱及汽车发动机等所产生的噪声。

体育馆悬挂吊顶吸声体

活动三

　　绿色植物在我们人类生活中扮演着非常重要的角色，不仅能够净化空气、美化环境、吸烟除尘、维系生态平衡，使万物充满生机；同时还具有吸音、隔声的作用，体现在噪声在树木和草丛之间会进行多次反射，每次反射都会被叶片吸收部分噪声，从而减弱噪声。回答问题并完成表格。

1. 你所在的小区绿化环境怎么样？

2. 完成表格。

要求：

（1）在两个地点放置同一播放源，将分贝值调至同一数值。

（2）分别在两个地点距播放源1米处，验证植物有无减弱噪声的能力。

	无植被	有树木（草地）
该地噪声值		

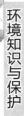

行动实践

安顺市西秀区治理噪声污染

近日，南街片区商铺噪声污染，为还市区民众一个良好的生活和工作环境，城管局和南街派出所与该片区商户签订降噪承诺书30余份。

在处于安顺繁华路段的中华南路，很多商铺使用高音喇叭进行宣传促销，相关执法人员对沿街的违规商铺进行宣传教育及口头警告，同时对群众多次举报投诉的20户"高音促销"商铺下达《责令限期整改通知书》。

（文字来源：安顺新闻网）

活动四

生活中，我们应该如何增强自己主动降噪的意识，为安顺创建工作出一份力？（以倡议书的形式进行回答）

第五课　垃圾处理：变废为宝

　　垃圾通过食物链等各种链条威胁着我们的生命。垃圾若不及时清除，必然污染空气，对土壤、水体都会造成严重污染。从而导致蚊蝇滋生、细菌繁殖，使疾病迅速传播，危害人体健康。随着安顺人口的增长和经济的快速发展，产生的大量垃圾如不加以妥善处理，将会严重地影响到每一个安顺人的生活质量，所以我们要自觉行动起来，为留住安顺的绿水青山贡献自己的一份力量。

安顺市开发区某小区垃圾堆积如山

自主探究

1. 自主探究设计

实验：自己学校生活垃圾的分类实验

实验器材：塑料袋、口罩、手套、标签纸和生活垃圾

实验地点：教室

实验步骤：

（1）按事先分好的小组，学生自行上讲台。

（2）组员按照表格所示的生活垃圾的分类方法，将样本分为十三类。

有机体	金属	硬塑料	尿布/纤维素化合物
纸/卡（片）纸板	纺织品	复合材料	玻璃/矿物/瓷
塑料薄膜	木制品	危险废物	烹调/石头/灰
最后的材料			

（3）将每类垃圾分别装袋并称重。

（4）计算每类垃圾的比例。

（5）实地了解每种垃圾的来源。

（6）网上查阅或向其他同学询问各种生活垃圾给人们生活带来的危害。

（7）小组讨论治理学校生活垃圾的办法。

（8）各小组认真完成实验报告书的填写并按期上交。

（9）利用这些垃圾（废弃物），实践变废为宝，并把作品在下次课上展示。

2. 探究目标

（1）了解生活垃圾的分类方法。

（2）通过实地分选，了解自己学校生活垃圾中各类废物的比重。

（3）调查各种生活垃圾的来源和认识到固体废弃物的危害。

3. 参与与展示

为改善城镇容貌和环境卫生，保障人民身体健康，利用安顺市正在创建国家卫生城市、国家环境保护模范城市的契机，安顺市环保局拟向全市中小学生发出"我为绿色、环保、生态建设做贡献"为主题的倡议书征集，请全市各中小学校学生踊跃参与，为安顺市的环境保护建言献策，共同把我们安顺市建设成花园式的宜居文明城市。

案例展示

安顺市垃圾分类投放，你会做吗？

安顺市正在尝试垃圾分类，连日来，在安顺城区内，环卫部门投放了55个分类垃圾桶，试图引导市民进行垃圾分类。

可回收垃圾主要分为五大类：①未经污染的办公用纸、报纸、杂志和宣传单等印刷品、纸盒和纸箱等。②易拉罐、金属管头和金属配件等。③汽水瓶、酒瓶、果汁瓶和食品罐等玻璃盛器。④未污染的塑料瓶、塑料容器和包装塑料等。⑤未经污染的衣服、棉被、毛巾和书包等。

安顺市西秀区某街道垃圾分类投放

对于垃圾分类，你分得清吗？在日常生活中，扔垃圾时，你是否按照垃圾分类投放？对于垃圾分类投放，你是如何看待的？

案例二

塑料垃圾从Blest转换机的一端进入，另一端的容器负责盛装所产生的原油。这种机器是由日本发明家伊藤彰则发明的，是一种适用于家庭使用的机器，可以将塑料垃圾变成燃料。借助于这台令人吃惊的机器，堆放在厨房里的各种塑料袋最终可以变废为宝。

日本新发明——吃进塑料垃圾，吐出燃料的转换机

通过所谓的"碳负性"过程，伊藤彰则发明的神奇机器能够将塑料袋、塑料瓶、塑料盖以及其他使用石油原料制造的塑料包装还原成最初的形态。

日本发明家伊藤彰则发明 Blest 转换机的这一做法，对于我们安顺市在处理固体废弃物时有什么启示？

习得领会

一、固体废弃物的定义

固体废弃物是指人类在生产、消费、生活和其他活动中产生的固态、半固态废弃物质，通俗地说，就是"垃圾"。主要包括固体颗粒、炉渣、污泥、废弃的制品、破损器皿、残次品、动物尸体、变质食品、人畜粪便等。

二、固体废弃物的特性

从固体废弃物与环境、资源、社会的关系分析，固体废弃物具有污染性、资源性和社会性。

1. 污染性

固体废弃物的污染性表现为固体废弃物自身的污染性和固体废弃物处理的二次污染性。固体废弃物可能含有毒性、燃烧性、爆炸性、放射性、腐蚀性、反应性、传染性与致病性的有害废弃物或污染物，甚至含有污染物富集的生物，有些物质难降解或难处理。固体废弃物排放数量与质量具有不确定性与隐蔽性，固体废弃物处理过程生成二次污染物，这些因素导致固体废弃物在其产生、排放和处理过程中对生态环境造成污染，甚至对身心健康造成危害，这说明固体废弃物具有污染性。

2. 资源性

固体废弃物的资源性表现为固体废弃物是资源开发利用的产物和固体废弃物自身具有一定的资源价值。固体废弃物只是一定条件下才成为固体废弃物，当条件改变后，固体废弃物有可能重新具有使用价值，成为生产的原材料、燃料或消费物品，因而具有一定的资源价值及经济价值。

3. 社会性

固体废弃物的社会性表现为固体废弃物产生、排放与处理具有广泛的社

会性。一是社会每个成员都产生与排放固体废弃物。二是固体废弃物产生意味着社会资源的消耗，对社会产生影响。三是固体废弃物的排放、处理、处置及固体废弃物的污染性影响他人的利益，产生极大的社会影响。这说明，无论是产生、排放还是处理固体废弃物事务都影响每个社会成员的利益。固体废弃物排放前属于私有品，排放后成为公共资源。

三、固体废弃物来源及其分类

按照城市固体废弃物产生的原因，可将其分为以下四类。

1.工业固体废弃物

工业固体废弃物是指在工业生产和加工过程中产生的，排入环境的各种废渣、污泥、粉尘等。工业固体废弃物如果没有严格按环保标准要求安全处理处置，对土地资源、水资源会造成严重的污染。

工业固体废弃物

2. 危险废弃物

危险废弃物具有可燃性、腐蚀性、反应性、传染性、毒性和放射性等特性，产生于各种有危险废弃物产物的生产企业。从危险废弃物的特性看，它对人体健康和环境保护产生着巨大危害，如引起或助长死亡率增高或使严重疾病的发病率增高。

HAZARDOUS WASTE
危险废弃物

3. 医疗废弃物

医疗废弃物是指医疗卫生机构在医疗、预防、保健以及其他相关活动中产生的具有直接或者间接感染性、毒性以及其他危害性的废弃物。主要有五类：一是感染性废弃物；二是病理性废弃物；三是损伤性废弃物；四是药物性废弃物；五是化学性废弃物。

医疗废弃物

4. 城市生活垃圾

城市生活垃圾指在城市日常生活中或者为城市日常生活提供服务的活动中产生的固体废弃物。包括有机类，如瓜果皮、剩菜剩饭；无机类，如废纸、饮料罐和废金属等。

城市生活垃圾

四、安顺市固体废弃物污染现状

《2015年安顺市固体废弃物污染环境防治信息公告》指出，按照减量化、资源化和无害化的原则，以科学发展观为统领，推进固体废弃物处置基础设施建设，强化固体废弃物规范化管理和无害化处置，促进固体废弃物资源化利用，全市固体废弃物环境管理日趋规范。

2015年，在全市各级政府及相关职能部门的指导和全市人民的共同努力下，安顺市固体废弃物处理成效显著，具体情况如表格所示：

工业固体废弃物产生及利用情况

	单位	数量
产生量	万吨	138.72
综合利用量	万吨	133.12
储存量	万吨	5.6
倾倒丢弃量	万吨	0

工业危险废弃物产生及处置、利用情况

	单位	数量
产生量	万吨	19.67
处置量	万吨	0.000748
综合利用量	万吨	2.85
储存量	万吨	16.82
倾倒丢弃量	万吨	0

城市生活垃圾处置情况

产生总量（万吨）	处置总量（万吨）	处置率（%）	主要处置方式
16.40	16.40	100	卫生填埋、焚烧发电、水泥窑协同处置

医疗废弃物处置情况

产生总量（吨）	处置总量（万吨）	处置率（%）	主要处置方式
535.62	535.62	100	高温蒸煮、焚烧

目前，安顺市固体废弃物污染环境防治和环境管理工作虽然取得了一些成绩，但面对新的环境形势和群众的期盼，还存在一定的差距。虽然我们深

知，治理环境污染历来都不是一条坦途，但是，生活在这一片土地上的每一个人，都应该有责任、有义务把我们美丽的家园——安顺治理好和保护好。

五、固体废弃物的危害

固体废弃物的具体危害如图所示。

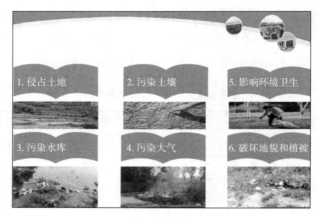

固体废弃物的危害

六、固体废弃物污染的防治与采取的措施

第一，综合治理，减少固体废弃物排放。

第二，调整优化产业结构，推动产业转型升级。

第三，进一步调整能源结构，增加清洁能源供应。

第四，严格节能环保准入，优化产业空间布局。

第五，加快企业技术改造，提高科技创新能力。

第六，提高环境监管能力，加大环保局执法力度。

行动实践

安顺绿色动力再生能源有限公司的垃圾焚烧发电是以城市生活垃圾为原料的再生能源发电，属于可再生能源、循环经济产业的范畴。该项目的意义在于实现安顺市西秀区及周边县区的城市生活垃圾处理无害化、资源化、减量化。公司规划日处理生活垃圾能力为1050吨（指入炉垃圾），秉承可持续发展理念，倡导"合理有效地利用自然资源，让城市和环境和谐发展"，坚持"社会效益为首、经济效益为本"的价值取向，以"造福社会、服务政府"

为企业使命，愿与社会各界共同承担改善中国生态环境的社会责任，共创美好生活环境。

安顺绿色动力再生能源有限公司

活动

组织学生参观安顺市绿色动力发电厂，当学生了解完整个发电流程后，可以让学生谈谈各自的观后感受。

模块二
生态破坏　生态保护

第六课　孤单人类：物种减少

　　生物多样性是地球上的生命有机体几十亿年发展进化的结果，是地球生命的基础。生物多样性通常有三个层次，即物种多样性、遗传多样性及生态多样性。物种多样性是生物多样性的关键，已经发现的大约有200万种，其中脊椎动物4万余种，昆虫75万种，高等植物25万种，其他为无脊椎动物、真菌和微生物等，还有很多物种没有被人类发现，这些形形色色的生物物种就构成了物种多样性。

生物多样性

　　目前，由于人类活动的加剧对其他生物产生的不良影响及长期对生物多样性保护的忽视，全球的生物正在以惊人的速度衰减。生态方面，例如森林生态，全球只剩下1/5的森林仍然保持较大的面积和相对自然的生态系统，且以每年6.7万~9.2万平方千米的速度消失；物种方面，近年来物种灭绝的速度比任何时候都快，1600年之后，大约有113种鸟类和83种哺乳动物消失，而且还有36%的物种受到严重威胁；遗传方面，生存环境缩小和分离导致野生动物物种内遗传多样性的严重丧失，同时生物技术的应用，对生物多样性产生了不可估量的不良影响，成为一种潜在的威胁。

自主探究

问题
从渡渡鸟和大颅榄树的故事领悟生物多样性的意义。

渡渡鸟和大颅榄树的故事

非洲的岛国毛里求斯，曾有两种特有的生物：渡渡鸟和大颅榄树。渡渡鸟不会飞，只会在地上行走和跳跃，又叫愚鸟。它体大而行动迟缓，模样丑陋。大颅榄树是一种珍贵的树木，树干挺拔，树冠秀美，木质坚挺，纹理细致。

渡渡鸟在茂盛的大颅榄树中建窝生蛋，繁衍后代。直到16世纪，带着猎枪的欧洲人来到毛里求斯，不会飞的渡渡鸟的厄运降临了。渡渡鸟肉质细嫩鲜美，殖民者竞相捕食，以致绝种，到了1681年，最后一只渡渡鸟被人类杀死了。从此，地球上再也见不到渡渡鸟了。毛里求斯将其定为国鸟。

奇怪的是，渡渡鸟灭绝后，岛上的大颅榄树也逐渐稀少。到了20世纪80年代，岛上的大颅榄树林不见了。全岛只剩下13株大颅榄树，这种名贵的树种就要灭绝了。生态学家深感焦虑，抢救大颅榄树成了一项紧急的课题。科学家对大颅榄树的死因进行了广泛的调查和研究，历经多年，终于找到了原因。

1981年，正值渡渡鸟灭绝300周年，美国生态学家坦普尔研究发现，现存的大颅榄树的树龄均超过了300年，也就是说，在渡渡鸟灭绝之后，大颅榄树也停止了繁衍。这难道是巧合吗？坦普尔认为，这里面肯定有联系。他试着让一种当地的绶鸡吃下大颅榄树的果实，然后在绶鸡的粪便中找到了树的种子。坦普尔把这些种子栽在土里，不久，种子长出了绿油油的嫩芽，大颅榄树得救了。

自然界中有许多生物像渡渡鸟和大颅榄树的关系一样，它们相互依存，谁也离不开谁。大自然是一个严密的链条，一个环节的缺损会给整个自然界造成影响。

渡渡鸟

大颅榄树

思考

1. 保护生物多样性有哪些意义？

2. 怎样从我做起，为保护生物多样性做出贡献？

案例展示

案例一

村民砍伐自家树木领刑三年　被砍伐树木系一级重点保护植物

（阅读2016年10月5日的一则新闻，将班级同学分为两组，就材料中所述事件进行辩论比赛。）

本报讯：遵义市播州区农民许某，认为处理自家的树没啥关系，砍掉自家坟山上的两棵红豆杉并卖掉。2016年9月28日，他因此被法院判处有期徒刑三年。据介绍，被砍伐的两株红豆杉，最大树龄超过200年。

家住播州区农村的许某，自家坟山上有两株百年树龄的红豆杉。此前，因乡镇林业站和村里的宣传，许某知道这两棵树是国家重点保护植物，不能随便砍伐、移植、买卖。

2016年初，许某家门中的兄弟许某某建房时，听说红豆杉树防虫、防臭，还有抗癌作用，便打起了许某家两株红豆杉的主意。随后，双方协商，许某以2680元的价格，将两株红豆杉卖给许某某，并帮助砍伐。

据介绍，许某、许某某被检察机关分别以涉嫌非法采伐、出售国家重点保护植物罪、非法收购国家重点保护植物罪公诉。对此，许某曾辩解认为，红豆杉长在自家坟山上，产权属于自己，怎么处理应是自己的事。

森林

辩题：村民砍伐自家树木领刑三年，究竟冤不冤

正方：村民砍伐的树木系一级重点保护植物，被判刑三年不冤

反方：村民所砍树木为自家所有，被判刑三年太冤

案例二

娄家坡水库

近年来，随着城镇化的不断发展，违章建筑、围湖养鱼、娱乐场所、小餐馆等的增多，污染日益严重，水库水体富营养化严重，水葫芦大量繁殖，消耗了水库中大量的溶解氧，造成水体中鱼类、微生物等大量死亡，水质恶化等。一时间生态功能退化萎缩，生态系统逐步恶化，生物多样性遭到严重威胁。

过去的娄家坡一角

平 坝

　　由于生态环境破坏、物种引进、大力发展某类经济作物等原因，使得一些物种生存地域变窄，种群数量减少，直接威胁到该物种存亡。贵州卵叶报春是贵州特有物种，主要分布于安顺平坝地区，多年生草本，生长于石灰岩壁上，花期为3月份，具有极高的观赏价值。卵叶报春分布范围窄，数量少，加上紫茎泽兰等物种的入侵等原因，贵州卵叶报春成为濒危物种。

贵州卵叶报春

浪塘村

　　曾经的浪塘村满街粪草乱堆、脏水乱倒、农作物大量焚烧，造成该村恶臭扑鼻，收入微薄。2013年，贵州启动"四在农家，美丽乡村"创建活动，浪塘村有幸进入创建行列，不断加强对林木花草的保护与培育，沿河栽种荷花40亩（1亩=666.7平方米，下同），禁止焚烧秸秆，管制脏水、污烟排放。通过大力修复生态，如今浪塘村山更青，水更绿，真正实现了人与自然和谐相处，2014年，流经浪塘村的邢江河沿岸成功获批为国家湿地公园。

过去的浪塘村

现在的浪塘村

思 考

1. 上述材料中危及物种多样性的原因有哪些？除此之外安顺还有哪些原因会危及生物多样性？

2. 浪塘村生态环境建设对浪塘地区生物多样性有何影响？针对安顺的实际情况，你还能想出哪些方法来保护安顺的生物多样性。

习得领会

一、保护生物多样性的重要意义

人类生存与发展，归根结底仍然依赖于自然界各种各样的生物，以获得必需的粮食、药物、日用品以及进行活动的环境。

生物多样性对于人类食物来源是至关重要的，面对迅速增长的人口和高速发展的经济，需要大量的粮食和经济作物，开发新的作物种类和改良品种以提高单位面积产量势在必行，而多样性的物种提供了开发的可能。

生物多样性对人类健康的贡献更是不可估量，人们的医疗保健很大程度上仍然依赖于生物，如蜂毒可以治疗关节炎，某些蛇毒能控制高血压。目前，已知的具有抗癌潜力的海洋生物就有500余种，但这仅是被人们研究应用中极少的一部分。

生物多样性还为人类提供多种多样的工业原料，如木材、纤维、橡胶等，现代工业生产还需要开发更多新的生物资源，以提供原料和新型能源。

生物多样性为人类提供大量的基因资源，每一个物种或品种在遗传组织上都可能是唯一的。

除此之外，生物多样性还有很多的间接作用，如森林可调节气候、涵养水源，微生物可以净化污水、处理垃圾等。

二、威胁生物多样性的主要原因

1. 喀斯特山区土层瘠薄且易流失

安顺为喀斯特山区，土壤极易流失，表土层普遍瘠薄且不连续，因而安顺地区生物生存环境脆弱，生物环境容易遭到破坏，从而威胁到该区的生物多样性。

2. 过度开发

人口增长过快导致对资源与环境的压力越来越大，大量的毁林垦荒、乱砍滥伐，加剧了本就脆弱的喀斯特地区水土流失和石漠化。

3. 污染严重

土壤、水体、大气污染导致对环境敏感物种的灭绝，农药和化肥的大量施用也造成许多两栖类绝迹。安顺曾经是全国酸雨最严重的地区之一，万元工业产值和单位面积SO_2的排放量居全国首位。

4. 物种侵袭

由于生态环境破坏、物种引进、大力发展某类经济作物等原因，使得一些物种生存地域变窄，种群数量减少，直接威胁到该物种存亡。

三、保护生物多样性的主要途径

世界野生生物基金会等一些重要的国际组织认为，21世纪是生物多样性保护关键的时期，而珍稀濒危动物应视为优先保护之列。尽快挽救和保护濒危的生物资源，以保证生物多样性的持续发展和利用。

1. 保护动植物的物种

就地保护：建立各类型的自然保护区、风景名胜区，将有价值的自然生态系统和野生生物环境保护起来，以确保生态系统内生物的生长、发育和繁衍。

迁地保护：在某一地区人工建造适宜于某种或某些生物生存的环境，进行迁地保护。如利用山区各地的林场、公园、植物园等作为珍稀生物的引种地区。

2. 保护遗传种质

采用现代技术建立植物种子库、动物细胞库、精子库、配子库、胚胎库等，将生物体内的一部分长期保存。

3. 保护生态环境

防治污染，不断改善整体环境质量。

4. 建立健全有关法律

严格执法，对滥捕乱杀珍稀生物者依法惩治。

行动实践

（结合以下材料，思考安顺虹山湖生态环境变化对生物多样性产生了怎样的影响。）

　　10年前，虹山湖曾经遭受严重危机，由于虹山湖上游居民生活污水、沿岸第三产业排污（14家修车厂和洗车场的废水排入湖中），以及湖坝、湖滨地带生长大量的野花杂草，从而导致虹山湖水质恶化、水体富营养化，引起湖内鱼类大量死亡。每天来虹山湖晨练的邹老伯发现，以前每到11月份虹山湖就出现成群结队的黑羽候鸟，成了冬季虹山湖上一道美丽风景。自从虹山湖水质恶化、生态环境破坏以来，黑羽候鸟确实没了，水面上只见几只水鸟在游荡。

　　2010年，虹山湖启动"引千入虹"工程，将轿子山的千峰河的水引进虹山湖，让虹山湖的水流淌起来。如今，贯城河的两岸也重现了绿水青山。下面是一位爱鸟者的观鸟日记。

　　观测时间：2015年2月10日

　　观测者：陈怀玉、陈怀庆

　　观测点：虹山湖

　　这是个阳光明媚的下午，但因为是冬天，公园人很少，周围安静得只有各种各样的鸟鸣声，今天是个观鸟的好日子。冬天有许多候鸟会到南方过冬，所以冬天的虹山湖鸟类比夏天的多些。

　　走进公园，向湖面看去，有成群的水鸟在觅食。这些是小鹏鹈、黑水鸡和骨顶鸡。时不时可以看见小鹏鹈潜入水中捕鱼后又再钻出。将视线向上移，可以看见有几只白色大鸟掠过水面，这是白鹭。虹山湖的鹭群（包括几只池鹭）一般集群在九孔桥之外，靠近农田的浅滩上，那里的湖水清澈，可以轻易见底。除了鹭群在此处休憩，前面提到的三种水鸟也喜欢到附近觅食戏水。因为这里少有游人经过，非常宁静。而在水边的空地上可以发现几只活泼的白鹡鸰正蹦跳着觅食。

　　仰起头扫视天空，幸运的话可以发现在山脊线上方盘旋的猛禽。而我们幸运地在远方的电线杆上发现了一只红隼，不知是在觅食还是休息，不一会儿就飞走了。

　　虹山湖有许多环湖山，在山脚郁郁葱葱的树枝间可以窥见许多小型鸟类：黄臀鹎、麻雀、领雀嘴鹎、白颊噪鹛、八哥等。

　　在九孔桥外无人的荒田间，可以瞥见成群的灰头麦鸡和几只北红尾鸲。不过靠近的时候需要特别小心，不然会惊起整群的灰头麦鸡。此外，还有成群的金翅雀也活跃在荒田间。它们迎着阳光飞行时，翅膀会闪着金光，极美。

较难看到的是喜鹊和珠颈斑鸠，虽能闻其声，但难觅其身。斑鸠隐于高大茂密的树枝间，喜鹊也喜欢飞到较高的地方。不过，耐心些也许能看到。喜鹊在阳光下羽毛泛有金属光泽，也是挺引人注意的。

总结一下，我在这次观鸟中看到了16种鸟类，有不错的收获。我的同伴陈怀庆除此之外还看见了20种鸟类。

这次观鸟活动是在虹山湖公园扩建前的冬天进行的，之后公园开始了扩建工程，一些农田和灌木已经被清除，用于修建环湖道，留给野生动物生活的空间少了，所以在工程期间鸟类少了些。城市发展中不可避免地会对原有环境造成一定改变。期盼环湖路竣工后这里的生态环境越来越好，能再看见鸟儿回来生活。

2015年2月10日虹山湖公园观鸟记录表

001	红头潜鸭（1只）	002	小䴙䴘（20只）	003	池鹭（1只）
004	牛背鹭（1只）	005	苍鹭（2只）	006	白鹭（11只）
007	松雀鹰（1只）	008	红隼（1只）	009	黑水鸡（20只）
010	骨顶鸡（50只）	011	灰头麦鸡（10只）	012	珠颈斑鸠（2只）
013	灰头绿啄木鸟（1只）	014	灰背伯劳（4只）	015	喜鹊（1只）
016	远东山雀（30只）	017	领雀嘴鹎（4只）	018	黄臀鹎（30只）
019	家燕（40只）	020	红头长尾山雀（2只）	021	黄腰柳莺（10只）
022	褐胁雀鹛（1只）	023	白颊噪鹛（7只）	024	暗绿绣眼鸟（4只）
025	八哥（4只）	026	红胁蓝尾鸲（4只）	027	北红尾鸲（2只）
028	黑喉石鵖（2只）	029	山麻雀（30只）	030	麻雀（30只）
031	黄头鹡鸰（1只）	032	白鹡鸰（15只）	033	水鹨（3只）
034	金翅雀（50只）	035	小鹀（6只）	036	黄喉鹀（1只）

领雀嘴鹎

黄臀鹎

该观鸟记录已发表在中国观鸟记录中心第201502100014号观测记录上（网址：http://www.birdreport.cn/Member/WatchRecord）。

思考

1. 十年来，虹山湖水库生态环境发生了几次变化。

2. 虹山湖水库生态环境变化对该区域鸟类产生了什么影响？

3. 你从中得到了哪些启示？

第七课　植被破坏：水土流失

2016年国家水土保持重点工程中央投资计划分省执行情况表

序号	省份	截止11月底（%）	比10月底提高百分点（%）	比去年同期增减百分点（%）	招投标完成率（%）	开工率（%）	治理任务完成率（%）
	合计	80.29	22.71	5.21	96.77	97.31	88.14
1	植物中心	100.00	0.00	21.60	100.00	100.00	100.00
2	黑农垦	100.00	4.35	0.00	100.00	100.00	100.00
3	新疆	95.93	4.08	−0.17	100.00	100.00	98.59
4	宁夏	93.09	11.82	7.80	98.53	100.00	97.64
5	福建	92.44	15.54	3.70	100.00	100.00	101.13
6	西藏	91.70	22.24	3.23	100.00	100.00	91.69
7	青海	90.66	34.85	−8.89	100.00	100.00	96.28
8	吉林	90.65	17.05	9.32	100.00	100.00	94.70
9	甘肃	89.61	21.20	7.17	96.55	97.70	92.98
10	山东	88.95	10.53	−2.65	100.00	100.00	95.45
11	黑龙江	87.89	37.97	−0.31	95.24	100.00	98.21
12	河北	87.66	16.41	−2.55	100.00	100.00	93.57
13	陕西	84.76	28.96	19.70	98.78	98.78	89.71
14	河南	83.75	19.54	14.72	100.00	100.00	97.52
15	辽宁	82.53	28.96	−6.05	100.00	100.00	97.03
16	山西	82.06	25.46	−11.36	100.00	100.00	85.68
17	广西	81.68	14.22	16.70	100.00	100.00	95.67
18	安徽	81.58	24.89	17.80	100.00	100.00	82.65
19	湖北	81.37	19.03	7.46	100.00	100.00	90.14

续表

序号	省份	截止11月底（%）	比10月底提高百分点（%）	比去年同期增减百分点（%）	招投标完成率（%）	开工率（%）	治理任务完成率（%）
20	云南	81.36	34.24	13.06	100.00	100.00	87.74
21	江西	81.19	31.77	20.04	100.00	100.00	89.77
22	贵州	80.34	13.47	5.17	93.75	100.00	86.72
23	北京	75.76	6.01	−21.68	100.00	100.00	72.84
24	四川	72.44	18.45	7.29	97.40	97.53	80.14
25	重庆	71.01	26.34	7.92	100.00	100.00	79.10
26	内蒙古	66.71	33.05	−5.20	70.15	68.66	82.22
27	湖南	56.96	24.31	−2.42	100.00	100.00	71.79
28	海南	20.59	10.51	−25.23	45.45	50.00	30.54

注：按截至11月底中央投资计划完成率降序排列

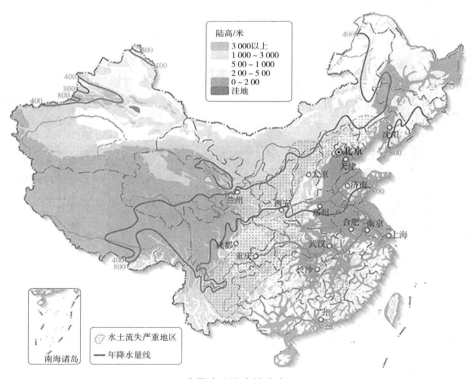

中国水土流失的分布

（资料来源于国家环境部网站）

由中央投资计划分省执行情况表和中国水土流失分布图可以看出，国家对水土保持的重视及其水土流失的治理难度，水土流失是中国也是全球的环境问题。

附

安顺市环境保护网：2017年全省水土保持现场工作会议上，安顺市在2016年完成水土流失治理面积220.86平方千米，超额完成目标任务。

近年来，安顺市以打造"绿水青山"为目标，将水土保持工作纳入重要工作内容，积极推进清洁型小流域项目建设，有效治理石漠化，在改善人居生态环境的同时，带动当地经济发展。

为确保工作开展，安顺市落实水土保持政府目标责任制，通过一系列措施，2016年，安顺市完成水土流失治理面积220.86平方千米，完成目标任务的100.4%，其中，完成坡改梯面积698.43公顷，种植水保林5228.82公顷、经果林3171.66公顷，种草1353公顷，封禁治理5889.19公顷，退耕还林等其他措施面积5745.08公顷。全市争取落地国家级水土保持重点治理工程4个，工程总投资共3533万元，治理水土流失面积28.75平方千米，目前4个工程已全部完工，正开展县级自查验收工作。

自主探究

1. 学生活动

实验用品：木板、草皮、喷水壶、透明水槽、黄土、清水。

实验准备：把学生分成每6人一个小组。实验时，木板上面用黄土覆盖，然后覆盖上草皮；把水槽放入木板下面，把清水装入喷水壶。

2. 实验记录

实验步骤	观察到的现象
（1）用喷水壶向草皮洒水	经过草皮流入水槽的水的颜色
（2）经过被破坏后，用喷水壶向裸露的黄土洒水	经过黄土流入水槽的水的颜色
（3）模仿小雨喷向裸露的黄土	细小水流经过黄土流入水槽的水的颜色
（4）模仿大雨喷向裸露的黄土	较大水流经过黄土流入水槽的水的颜色

3. 实验结论

植被与降水状况	植被状况		降水强度	
	植被完好	植被被破坏后	小雨	大雨
水的含沙量				

4. 实验目的

通过实验得出影响水土流失的主要因素。

 案例展示

案例一

贵州石漠化的发展

　　贵州位于世界三大喀斯特地貌集中分布区之一的东亚片区的核心，发育喀斯特碳酸盐土地面积达13万平方千米（占全省土地面积的73%），是喀斯特强烈发育的高山区。山高坡陡、土层薄，生态环境极为脆弱。贵州高原山区又是长江和珠江的分水岭地带，区内沟谷切割密度和深度较大，雨热同季，多暴雨，加上长期大规模的破坏性、掠夺性垦殖，地表覆盖物遭到严重破坏，水土流失极为严重。水土流失以及土地石漠化已成为贵州省生态环境中最突出的问题。

喀斯特荒山

土地石漠化

据《普定县志》记载，普定县西部及北部马场、梅子关、补郎、坪上一带，历史上是葱郁的森林，南部和东部地区有些地带是茂密的草地。后来都开垦成了大片的石漠化耕地，形成了越穷越垦和越垦越穷的恶性循环，走向了农村经济崩溃、生态坍塌的边缘。在1958年至2000年的几十年间，滥垦乱伐，使森林减少，石漠化面积加大。近年来，由于人类狂垦滥伐引起生态环境恶化。形成的石漠化表现在陡坡开荒、矿业开发等原因引发水土流失，秃山秃岭、岩石裸露，在普定县的北部和西北部地区尤为严重。人口增加导致垦殖指数直线上升。在岩溶山区土层较浅薄，垦殖指数与石漠化指数呈显著正相关。

根据案例一内容，讨论导致水土流失的主要原因有哪些。

案例二

历史上长江上游的水土流失及其危害

长江上游在历史上一个很长时期内都以生长着茂密的森林和植被而著称。从大溪文化遗址和忠县井沟文化遗址来看，当时长江三峡地区野生动物众多，森林茂密。从成都指挥街周代遗址来看，大量野生哺乳动物生存其间，耕地与湖泊、沼泽、凹地、草地、森林相间，原生态环境保存完好。到春秋战国时，成都平原仍有许多高大常绿乔木林带，长江上游广大丘陵山地地区更是林木广茂。

长江上游的山区

从秦汉开始，由于人口增加，开始了长江上游森林向耕地的转化。在垦殖毁林的同时，人们因施工和生活所需林木急增；到宋代，随着中国政治经济重心的南移，长江上游的战略地位日益重要，经济开发强度增大，成都平原已是"无寸土之旷"，而山地地区畲田运动兴起，对森林植被的影响开始加大。20世纪30年代以来，长江上游人口膨胀，军阀混战，国家无力顾及植被保护，森林植被破坏严重。50年代末，土法大炼钢铁、大办集体食堂对长江上游森林进行了空前的砍伐，加上农村人口急增，致使四川在60年代森林覆盖率一度跌至9%，跌至历史时期的最低线，这是极为严重的历史教训。经过四川人民的努力，80年代中叶，四川森林覆盖率上升到13.3%，90年代以来森林覆盖率不断上升，但以次生林、中幼林为主，水源涵养林损害严重，水土流失仍十分严重。80年代资料表明，嘉陵江流域水土流失比例为63%，沱江流域为58.5%，金沙江流域为36.5%，大渡河流域为27.8%，岷江流域为47.6%，致使长江上游各河道侵蚀模数增大，河流泥沙含量急增。

长江上游水土流失影响了整个长江流域的生态环境、防洪和经济发展，具体表现在以下几个方面。

（1）长江上游水土流失在一定时期内曾极大地破坏了上游农业生态，加大了农业开发难度。水土流失使大量农业用地，特别是坡耕地土肥尽失，出现"耕地日渐硗薄"的状况，呈现"辛苦开老林，荒垦仍无望"的局面。水土流失还直接冲毁大量水利设施。清代，都江堰便因此受损严重，花费大量人力物力修缮，影响了农业灌溉。

（2）长江上游水土流失增大了本流域洪涝灾害频率和强度，统计表明，四川盆地的水灾20世纪50年代发生4次，70年代发生7次，80年代发生8次，几乎每个年代都有水灾。

（3）长江上游水土流失使上游河道淤塞，加大了长江上游防洪难度，影响了水运交通的发展，影响了水力发电库容。

（4）长江上游水土流失加重了长江中下游洪涝灾害。

长江中下游洪涝灾害的成因是较复杂的，但长江上游河水泥沙含量急增，必然会使中游河水泥沙含量急增，使中游河道日渐淤升，形成悬河，成为护堤日益升高的重要原因。同时，上游水源涵养功能削弱，使上游洪水无所阻碍，洪峰增大造成中游堤防危急。清代，陶澍在《陶文毅公全集》卷十中明确指出，长江下游的水患是"因上游川、陕、滇、黔等省开垦太多，无业游民到处伐山砍木，种植杂粮，一遇暴雨，土石随流而下，以致停淤接涨"。

通过这个案例归纳水土流失给我们的生产和生活带来了的危害。

你的身边有使用一次性餐具（饭盒、筷子等）的现象吗？如果有，你觉得这种做法会对森林资源有什么影响？谈谈你的看法……

习得领会

一、水土流失的概念

水土流失是指人类对土地的利用，特别是对水土资源不合理的开发和经营，使土壤的覆盖物遭受破坏，裸露的土壤受水力冲蚀，流失量大于母质层育化成土壤的量，土壤流失由表土流失、心土流失而至母质流失，终使岩石暴露。

中国是世界上水土流失最为严重的国家之一，由于特殊的自然地理和社会经济条件，使水土流失成为主要的环境问题。

二、水土流失产生的主要原因及带来的危害

（1）水土流失的主要原因：植被稀少、夏季多暴雨、土壤疏松、地表千沟万壑、坡面水土易流失；加之，人们开垦、采矿、修路、毁林、毁草、破坏植被和地表。

（2）水土流失的危害：带走地表肥土，使农作物产量下降；使沟谷增

多、扩大、加深，从而导致耕地面积减少；向河流输送大量的泥沙，给河道整治和防洪造成巨大的困难。

三、治理的措施

调整农业生产结构，合理安排农、林、牧各业生产；采取植树种草等生物措施，恢复地表植被；合理放牧；陡坡退耕还林还草，合理安排生产生活；采取打坝淤地，修筑梯田等工程措施，减少水土流失。

🖱 行动实践

材料一

让岩山变沃土——安顺普定开展水土流失综合治理记事（节选）

以岩溶石漠化喀斯特地貌特征而闻名的安顺市普定县，曾被专家预言为"不适于居住的地方"，该县轻度以上水土流失面积505.41平方千米，占全县总面积的46.3%；石漠化面积400.2平方千米，占全县总面积的36.7%，是西南地区喀斯特石漠化最典型的县份之一。

近年来，普定县委、县政府抢抓被列为"贵州省坡耕地水土流失综合治理县"的机遇，着力加强水土流失治理。自2012年以来，已连续实施四年度坡耕地水土流失综合治理项目，总投资5000万元，治理坡耕地水土流失面积16750亩，涉及4个乡镇，14个行政村，24431人。通过坡耕地水土流失综合治理项目的实施，曾经后靠石漠荒山的梭筛移民种出了果大味甜的梭筛桃，引来客商争相采购；沙湾农业大观园旖旎的田园风光也成了游客向往的游览胜地。"春赏桃花夏品桃"，这已经成为普定城关镇陈家寨村梭筛组、陇黑村下大坝组的代名词，数万亩桃子连片种植，成为夜郎湖上一道特色的风景。

梭筛是一个因修建普定水电站选择后靠石漠荒山的移民村寨，通过开山凿石，客土种桃，向绝地发起挑战，人均收入从1995年的536元增加到2015年的1.5万元，遥遥领先于普定全县农民人均纯收入水平，实现了从贫困村向小康村的转变，成为全省50个移民示范新村之一。

安顺普定梭筛桃花林

材料二

安顺市西秀区双堡镇大坝村：发展产业圆梦想　刺梨飘香奔小康

安顺市西秀区双堡镇大坝村是一个地处偏远、土地稀少、缺水严重的村落，2008年人均年收入仅1928元。2008年，陈大兴接过村支书的担子，一次机缘巧遇，陈大兴在朋友家尝到金刺梨，果实肉质厚实，酸甜适度。林业部门曾大力推广，但效果不佳，陈大兴几经周折找到区林业局，主动要求引种。当年，他用30亩最好的地块种植金刺梨，三年后，陈大兴的刺梨开始进入盛产期，果实结得又大又密，亩产达2000多斤，商贩们得知后，上门收购，每斤40多元，30亩的金刺梨可卖100多万元！

"找到一个好项目，带领村民共致富"。陈大兴鼓励大家一起种。村民没钱买苗木，陈大兴送！乡亲们终于理解陈大兴带领大家共同致富的志向，坚定了跟他发展金刺梨的信心。随后，大坝村成立了延年果农民专业合作社，种植了2300亩刺梨，建起育苗大棚20多个，成为安顺种植最早、规模最大的金刺梨种植基地，金刺梨让大坝村找到了稳定增收之路，2015年末，全村人均收入9700元。

大坝村金刺梨产业

活动

选做题：（任选一题即可）

选做一：最美家乡照片评比活动。结合以上两个实例，利用周末或放假时间，请以小组或个人为单位拍摄一张你认为最美丽的照片上交进行评比。

选做二：结合以上两个实例，利用周末或放假时间，请以小组或个人为单位实地考察，看看你的家乡是如何发展的？这种发展会不会产生水土流失？

模块三
绿色家园　生态城市

第八课　绿色生产

　　随着工业5.0时代的到来，工业产品已经完全渗透到现代人的衣食住行中，小至食品、药品，大到汽车、飞机，可以说，现代人已经难以脱离工业生产。然而，工业生产的背后，是人们对资源的肆意开采与滥用，以及对生产废料缺乏有效的处理，许多国家和地区因此发生了严重的工业污染，造成了极其恶劣的影响。有鉴于此，一种符合环保要求的节能降耗、少污染的、包含可持续发展思想的生产模式逐渐产生，即绿色生产。

宣传图

自主探究

1. 探究内容

（1）同学们分为三组，每组设一名组长。

（2）围绕生活中常见的产品选取其中三个作为研究对象。

（3）各组成员通过网络、书籍或是实地观察等方式了解三个产品的生产方式，分析其生产过程中是否存在环境污染、资源浪费等问题。

2. 探究目标

（1）了解生产方式对环境的影响。

（2）了解绿色生产模式，清楚什么样的生产模式符合绿色生产要求。

（问）（题）

生产过程中的污染能否完全避免？

案例展示

"这些建筑废弃物，在别人看来一文不值，但是经过我们的加工却可以变废为宝。"安顺市中城建恒远公司自主研发的建筑垃圾复合保温砌块项目，以建筑垃圾为主要原料，采用混凝土砌块生产设备生产复合保温砌块，具有安全、节能、防水、隔音等性能，是建设绿色家园的建筑建材原料。目前全省共建成水泥窑纯低温余热发电站41座，装机容量238兆瓦，年可发电12亿千瓦时，年可节约标煤40万吨，全省已有52条新型干法水泥生产线的脱硝设施建成投运，建材企业综合利用各类工业固体废弃物3000多万吨。

中城建恒远公司生产的复合保温砌块

根据以上材料，请同学们思考：中城建恒远公司在生产复合保温砌块寻求经济发展的同时，还为安顺市的环境带来了什么影响？中城建恒远公司的复合保温砌块生产过程是如何体现绿色生产理念的？

习得领会

一、什么是绿色生产方式

绿色生产也被称为清洁生产。按照联合国环境规划署（UNEP）1996年的定义，清洁生产是指将整体预防的环境战略持续应用于生产过程、产品和服务中，以期增加生态效率并减少对人类和环境产生的风险。2002年，《中华人民共和国清洁生产促进法》中则对清洁生产进行了如下定义：清洁生产是指不断采取改进设计、使用清洁的能源和原料、采用先进的工业技术与设备、改善管理、综合利用等措施，从源头消减污染、提高资源利用效率，减少或者避免生产、服务和产品使用过程中污染物的产生和排放，以减轻或者消除对人类健康和环境的危害。

狭义上，绿色生产是奉行环境友好型的发展方式，通过推行清洁、循环的生产模式，加强环境保护和生态修复与建设，推动经济社会绿色发展，重点是解决发展中产生的环境污染和生态损坏等问题。广义上，绿色生产涵盖了循环发展和低碳发展的基本内涵，可以看作绿色、循环、低碳发展的简单形象的代名词。

绿色生产方式

二、贵州绿色生产产业类型

贵州省围绕发展绿色经济"四型"产业，推出生态利用型产业、循环高效型产业、低碳清洁型产业、环境治理型产业四类工程。

1. 生态利用型产业

生态利用型产业，包括山地旅游业、大健康医药产业、现代山地特色高效农业、林业产业、饮用水产业等五种产业，具体有温泉旅游及温泉资源综合开发、苗药产品开发和应用、饮用天然矿泉水等137个项目。

贵安新区安平生态区

安平生态区位于红枫湖上游，邢江河—羊昌河流域（红枫湖子流域）和麻线河流域（红枫湖子流域）交界处。生态为基，以水为脉，以"山水林田湖草生命共同体"体系构建与保护为基本出发点，全面融入以生态保护和修复为实施导向的综合生态安全格局理念，建立绿色生产方式、生活方式，划定"四区三线"，坚守生态保护刚性框架，以自然水系格局为脉络，分区治水、分类修复、分段塑景色。

2. 循环高效型产业

循环高效型产业，包括原材料精深加工产业、绿色轻工业、再生资源产业等三种产业，具体有再生资源回收与综合利用产业化、尾矿废渣等资源综合利用、重复用水技术应用等142个项目。

以一张废纸为例，这张废纸从市民家中丢出，环卫工人将废纸搜集到安顺青山垃圾中转站，在这里，它会和其他垃圾一起被挤掉水分，之后再用大卡车运送到垃圾焚烧发电项目所在地的卸料大厅，再中转入垃圾储坑，最后由抓斗投入焚烧炉。垃圾焚烧后将变成废渣，这些废渣将会被制成砖。垃圾在焚烧之前会有水渗出，而这些水将经过处理，处理后的废水虽不能饮用，但可以用来浇灌。废水废渣再利用，达到零排放。

安顺垃圾焚烧发电项目

3. 低碳清洁型产业

低碳清洁型产业，包括大数据信息产业、清洁能源产业、新能源汽车产业、新型建筑建材产业、民族特色文化产业等五种产业，具体有新能源汽车整车制造、电动车充电桩建设、新型墙体和屋面材料开发与生产等77个项目。

安顺安远新能源汽车智能制造项目现场

4. 环境治理型产业

环境治理型产业，包括节能环保服务业、节能环保装备制造业等两种产业，具体有矿山生态恢复工程、膜技术处理关键技术开发、高效除尘烟气脱硫脱硝等大气污染控制技术等44个项目。

三、实现绿色生产的途径

一
综合利用资源，
（原材料和能源等）
开发二次资源
（"废渣""废气"等）

二
改进设备和工艺流程，
开发更佳的生产流程

三
改进和发展绿色技术，
优化污染防范及末端处理

五
政府加强科学管理，
创建无废工业区，推
广绿色生产

四
提升产品设计，
调整产品结构

实现绿色生产的途径

📖 行动实践

　　2016年2月12日，贵州平坝三力制药公司投入试运行。2月24日，芦狄哨村群众向贵阳市"两湖一库"管理局投诉：该村桃花园龙潭出现死鱼现象，怀疑是安顺平坝夏云工业园区一药厂直排污水所致。环保部门进行现场检查，发现三力制药公司污水排放口所排废水呈黑色，有刺激性气味。《监测报告》表明，贵州平坝三力制药公司生产废水的COD和总磷超标。据统计，2014年，我国工业废水排放量为205.3亿吨，同比减少2.1%。尽管我国工业废水排放量逐年减少，但现阶段工业污水排放量依然十分巨大，其中造纸、化工、纺织、钢铁合计排放占比约为48%，成为工业废水最主要的排放来源。

排放工业废水的危害

活 动

1. 安顺还有哪些同类型的制药工厂？这些产业是否符合绿色生产产业？

2. 6人组成一组，每组成员根据生活中的观察，选取本土企业（制药、造纸、化工、纺织等）作为研究对象，通过网络、访问等方式进行生产调查，看它们是否存在资源浪费和环境污染问题？最后根据调查情况在校园内组织一次以绿色生产为主题的资源回收再利用宣传活动，并制作一份宣传海报，最后评比出最佳宣传组。

第九课　绿色生活

推动形成绿色发展方式和生活方式，同每个人息息相关，每个人都应该做践行者、推动者。必须坚持"绿水青山就是金山银山"理念，加强生态文明宣传教育，更加注重把公众的环境问题意识，转化为节约资源、保护环境的意愿和行动，从而推动形成节约适度、绿色低碳、文明健康的生活方式和消费模式，形成全社会共同参与的良好风尚。

——摘自国家环保局书记在2017年环境日活动上的讲话

环保城市　绿色生活

自主探究

1. 探究内容

（1）全班学生自由组合，分成5个任务组，各组选出负责人和记录整理员。

（2）每个任务组在绿色生活方式包含的5个"R"中选择一个。各组协商，不要选择重复。

（3）各小组成员针对所选内容，尽可能多地提出在生活中可操作的实际行动，以及这些行动带来的环保效果。

（4）将整理结果按"环保效果"和"我的实际行动"两类分别在纸上列出。

2. 探究目标

（1）认识绿色生活方式，了解日常生活中的行为与环境保护的关系。

（2）了解绿色生活方式将会产生怎样的环保效果，学会在日常生活中保护环境。

（3）培养在实际生活中发现问题、解决问题的能力，并增强社会责任感和解决环境问题的能力。

 案例展示

案例一

制定"绿色生活方式行动指南"

（1）各组将整理结果宣读并展示给全班。

（2）全班对各组的成果进行讨论，补充并发表不同意见。

（3）在教师协调下，综合小组讨论结果和全班同学意见、建议，按照5个"R"制定出"绿色生活方式行动指南"。

"绿色生活方式行动指南"参考：

5R	环保效果	我的实际行动
Reduce（节约资源，减少污染）	防止全球变暖，减少酸雨，减少大气中的致癌物……	控制汽车的使用频率，多使用清洁型交通工具，如自行车；使用无氟冰箱、无氟空调……
Re-evaluate（绿色消费，环保选购）		
Reuse（重复使用，多次利用）		
Recycle（垃圾分类，循环回收）		
Rescue Wildlife（救助物种，保护自然）		

案例二

绿色出行从我做起

绿色出行是指相对于机动车出行来说，节能、高效、对环境污染较少、有益于人们身体健康的出行方式。绿色出行有多种可选择方式，例如乘坐公共交通、骑自行车、拼车出行、步行等多种出行方式。

提高广大中学生的生态和环保意识，树立"绿色出行，从我做起"理念，倡导绿色健康的生活潮流。倡导中学生从自身做起，做到零碳排放，"绿色出行"的两种方式最流行：第一是步行，"上学很累，走路很美"；第二是回归"两轮时代"。中国素有"自行车王国"之称，20世纪八九十年代，上班上学大多是骑自行车，而不是现在黑压压的小轿车，这种健康又环保的出行方式在进入21世纪以后逐渐被人们放弃。一位骑车上学的同学列举了骑行的五大好处：可以避免迟到，可以欣赏风景，可以不受堵车的影响，可以呼吸新鲜空气，可以锻炼身体。"能步行就不骑自行车，能骑自行车就不坐公交车、地铁，能坐公交车就不开私家车，迫不得已的时候就拼车出行"也是一种绿色出行理念。

课堂思考

1. 安顺的汽车保有量不算大，但堵车严重，为什么？

2. 作为一名安顺市民，如何践行"绿色出行"？

世界无车日（9月22日）安顺高峰期堵车

案例三

"地球一小时"你参与了吗？

"地球一小时"也称"关灯一小时"，是世界自然基金会在2007年向全球发出的一项倡议。地球一小时（Earth Hour）是一个全球性节能活动，提倡在每年三月份的最后一个星期六，当地时间晚上20：30，家庭及商界用户关上不必要的电灯及耗电产品一小时。希望借此活动推动电源管理，减少能源消耗，唤起人们以实际行动应对全球变暖的意识。

"地球一小时"宣传画

"地球一小时"是一个开源环保活动，也就是说，它由你决定——你的想法、兴趣、理想和行动。

"地球一小时"活动能够唤起每个人的环保意识，每一天、每一刻，从身边一点一滴的小事做起，为节能环保发挥自己的作用。

用我们自身的一点环保行动，去影响身边的人参与到环保中来，为了我们共同的地球母亲。让我们生存的环境更加美好！

……

课堂思考

请你为"地球一小时"设计一条宣传标语，并收集汇总做一期墙报。

习得领会

一、倡导绿色生活方式

人类既是环境灾难的制造者，也是环境灾难的受害者，更是环境灾难的治理者。我们每个人都可以通过选择绿色的生活方式来参与环保：节约资源，减少污染；绿色消费，环保选购；重复使用，多次利用；垃圾分类，循环回收；救助物种，保护自然。

绿色生活是21世纪的信息，它引导着企业界去发展绿色技术和清洁生产；绿色生活是21世纪的要求，它鼓励政治家去承担人类可持续发展的责任；绿色生活是21世纪的时尚，它体现着一个人的文明与素养，也标志着一个民族的素质和力量。

让我们爱护人类赖以生存的根基，让我们从一点一滴的环保行为做起。

二、做一名绿色消费者

人类进入21世纪时，面临着由于环境污染和资源浩劫所造成的生存危机。我们意识到对环境不负责任的生活方式是造成生态环境恶化的根源；愿意选择对健康有益的、与环境友好相处的绿色消费方式。

绿色消费是一种权益，它保障后代人的生存和当代人的安全与健康。

绿色消费是一种义务，它提醒我们：环保是每个消费者的责任。

绿色消费是一种良知，它表达了我们对地球母亲的孝爱之心和对万物生灵的博爱之怀。

绿色消费是一种时尚，它体现着消费者的文明与素养，也标志着高品质的生活质量。

作为绿色消费者，我们每个人都是市场上的绿色选民。让我们把手中的钞票变成绿色选票，选择可持续的消费模式，选择绿色的生活方式，从而推动发展我国的绿色技术和绿色经济。

为了健康，选择绿色；为了健康，保护绿色。

你我携手，创造一个绿色的世纪！

三、享乐主义危害人类环境

人类社会生活的现实状况是奢侈与贫穷同时存在。粗略地说，大约四分之一的人生活富裕，大约四分之一的人生活在贫困状态，一半人口处于中间状态。西方工业国家不满足现状，富裕了还要更富裕，享乐主义成为社会主流。次发达国家和发展中国家中的一部分已成为富裕人群的人们，也正奋力追赶西方消费潮流，成为新的享乐主义者。同时，数以亿计的贫困人口，主要分布于内战、动乱不断的国家，少量分布在发展中国家。

人类谋求更好的生活是天经地义的事，但我们必须区别正当享受与"享乐主义"。

地球是全人类的共用地，各种自然资源中虽然有一些是无限的，但某些资源还是有限的。当这些有限的资源被消耗完的时候，悲剧就来了。

20世纪末的现实已经让人们看到了人类生存环境的恶化趋势，大量证据证明地球生态系统平衡正在惨遭破坏，大量物种消失的趋势还在加剧，森林覆盖面积在进一步减少，各种环境污染还在继续增加……可悲的是这样一个事实：具有最高智慧和技能的人类，恰恰是毁灭人类自己生存环境的"凶手"，而人类毁灭自己的手段之一就是享乐主义。

享乐主义的要害有两条：第一是浪费——无理性地过度消费；第二是极度自私，仅仅为了自己，为了今天的享乐，不考虑子孙后代将来怎样生活。

行动实践

绿色生活方式主要是以绿色消费、绿色出行、绿色居住等理念和行动为主要表现形式，在我们的日常生活中从不同的方面和角度体现出来。

光盘行动倡导厉行节约，反对铺张浪费。光盘行动的宗旨：餐厅不多点、食堂不多打、厨房不多做。养成生活中珍惜粮食、厉行节约、反对浪费的习惯，而不要只是一场行动。不只是在餐厅吃饭打包，而是按需点菜；在食堂按需打饭，在家按需做饭。正在发起的"光盘行动"，试图提醒与告诫人们：饥饿距离我们并不遥远，而即便时至今日，珍惜粮食、节约粮食仍是需要提倡的美德之一。

今天不剩饭，从我做起！
Don't WSSTE our Future!

因为，我是"光盘"

光盘
行动

有一种节约叫光盘，有一种公益叫光盘，有一种习惯叫光盘！
吃光盘中餐，今天不剩饭！拒绝浪费，珍惜粮食！
从我做起，从今天开始，您，愿意吗？
期待您和您身边的人加入"光盘族"！

食 堂 文 化

"光盘行动"宣传画

🌿 小调查

> 学校食堂剩饭剩菜的调查
>
> 将本班学生分组到学校食堂做一周的剩饭剩菜的实地调查，写出调查报告，并提出合理的建议。

弘扬手绢文化 倡导绿色生活

"丢，丢，丢手绢，轻轻地放在小朋友的后面，大家不要告诉他……"，这首耳熟能详的童谣总能唤起20世纪七八十年代人的童年记忆。十几年前，每个国人几乎人手一条手绢；如今，这一"贴身之物"却渐行渐远，随着纸巾的普及，现在的中国人却真把手绢"丢"了。

据了解，我国现有手绢年生产能力约6亿条，每年出口4.5亿条，留给国人消费的仅1亿条，目前，我国每百人年均消费手绢已不足一条，而且使用的基本是老年人。但在日本，连小卖部都能买到手绢，日本人生活根本离不开手绢。一次调查显示，日本人均拥有12条手绢，不少人习惯随身带两块手绢，在发达国家，手绢几乎成了体现国民素质的一个方面。在欧洲国家，手绢更是绅士和淑女的象征，并逐渐成为"绿色时尚"的标志。

环保要从小事做起。广用手绢，少用纸巾，促进人类与自然的和谐。倡导重回"手绢时代"，认识到"手绢"仍具有温馨的怀旧和实用功能；认识到餐巾纸的现状无法立刻改观，也要让手绢这个物品重新焕发出崭新的健康效应和环保效应。重拾用手绢这一好习惯，并让它成为文明的象征。

我们更要在中小学生中倡导用手绢，以培养他们的绿色消费理念。

🤔 思考

1.你身边同学中有用手绢的吗？分析用手绢的利和用纸巾的弊。

2.我们在中学生中倡导重回"手绢时代"，你赞同还是反对？说明理由。

第十课　绿色社区

随着社会经济的不断发展和科学技术的进步，人们的生活水平也得到了极大的提高，人们已经不仅仅满足于吃饱穿暖，一个健康清新的生存空间已经成为人们新的追求目标。世界经济的高速发展，使得对资源的需求也与日俱增。当前，地球资源空前地被开采、浪费，环境问题已严重威胁到人类的生存。要实现持续的发展，环保就格外显得重要了。而绿色社区体现的正是如何使人类生存环境最佳，如何更有效、更节约地利用好现有资源。因此，目前各个国家和地区都在大力发展和完善绿色社区的建设。

自主探究

安顺阿宝塘社区

阿宝塘·庄园是某地产有限公司在安顺斥资12亿元打造的特色楼盘——低密度居所、花园社区、公园地产、生态地产。该项目占地约450亩，规划建筑面积约30万平方米，其中商业面积约8万平方米，住宅面积约22万平方米，绿化面积达到17万平方米。

阿宝塘·庄园离安顺市区8000米，距普定县城11000米，南临安普大道，北靠209省道，东有莲花大道（二环路），西接惠安高速，交通十分便利。定位为宜居、宜游、环保、养生、休闲社区，庄园内设施齐全，功能分区明显。有商业步行街、大型超市、双语幼儿园、儿童游乐场、康乐休闲中心（含室内游泳馆、室外游泳池、室内羽毛球馆、高尔夫推杆场、健身房、桑拿馆）、公园、4000米绿道、上万平方米的人工湖。庄园户户有车库，户户配送地下室和等面积私家大花园。走进阿宝塘·庄园的第一感觉就是绿色清新，在安顺众多楼盘中独树一帜。

探究

1. 从住宅区分类的角度看，阿宝塘·庄园属于哪类住宅区，为什么？

2. 分组讨论：社区在哪些方面与环境保护和可持续发展相关。

阿宝塘社区一角

案例展示

案例一

哈姆滨湖城

北欧国家瑞典是世界上最早开展环境保护的国家。1972年，联合国第一届环境会议就是在瑞典首都斯德哥尔摩召开的。斯德哥尔摩在应对空气污染和交通阻塞，控制温室气体排放以及处理废物和污水方面为欧洲树立了榜样。斯德哥尔摩城市发展战略要求，2050年之前彻底放弃矿物能源的使用，95％

的城市居民居住在绿色区域300米范围内，水质纯净、噪声减低、生物多样性和生态得到良好维护。斯德哥尔摩以绿色环保典范被欧盟委员会授予"2010年最环保城市"。

哈姆滨湖是瑞典斯德哥尔摩近郊的一个开发区，以前那里布满工业，环境差，治安也很恶劣，现在发展成了一个追求可持续发展的现代化新城区。哈姆滨湖新城市规划包括土地使用分区、绿地范围、土地污染防治、再生能源应用、废水处理、垃圾回收、交通、噪声控制等内容，在城市改建过程中，运用独特技术和手段，这些规划内容按环保要求都得以实现。

哈姆滨湖城能源结构科学环保。目前，家用能源50％来自太阳能，其余50％由垃圾发电、沼气发电和废水处理过程产生的余热提供。建筑大量使用节能环保建筑材料，减少了金属材料的使用。窗户有三层玻璃，隔热和隔音。家用电器全部是高效能标准电器。75％居民出行靠公共交通、步行或自行车，社区开通了有轨电车、免费轮渡，设有自行车道，并有各种车友会发起"拼车"活动。湖滨道路风景宜人，不论是散步还是骑自行车都很舒适。

哈姆滨湖城

案例二

安顺市全力推进绿色发展与新型城镇化同频共振

安顺是一座绿色的城市。

行走在安顺，无论是城区或乡镇，处处披绿叠翠。资料显示：2015年，安顺森林覆盖率达47%，森林面积达639.44万亩，为安顺绿色发展和山水园林城市建设奠定了基础。

安顺虹湖公园——城市名片

安顺市委三届九次全会第一次全体（扩大）会议上，审议通过了《安顺市人民政府关于推动绿色发展建设生态文明的实施意见》和《安顺市人民政府关于加快建设山地特色新型城镇化示范区的若干意见》，勾勒出安顺市山水绿色城市的蓝图，到2020年，全市森林覆盖率达60%以上，绿色产业增加值占全市地区生产总值比重达到50%左右，重点园区绿色化、循环化改造

安顺市地图

率达到100%；城镇绿色建筑占新建建筑比例达到50%，探索新型城镇化发展模式。安顺市打出的生态文明建设和新型城镇化系列"组合拳"，为本市绿色发展和绿色社区建设加足后劲。

"厚植绿色生态发展理念，进一步推动生态文明建设与经济社会发展各领域的融合，形成推进生态文明建设的强大合力，全面提高生态环境质量和绿色发展水平，让绿色成为我市推进国家新型城镇化综合试点建设的鲜明亮点和主要特色，实现全市经济社会发展和生态环境保护协同并进。"安顺原市委书记周建琨的话掷地有声。

家喻五洲小区

绿色发展与新型城镇化同频共振，安顺以建设山地特色新型城镇化示范区为抓手，围绕"百万人口生态旅游城市"目标，到2020年，城市空间拓展到220平方千米。加快贵安一体化基础设施互联互通，打通主城区至镇宁的城市快速干道，积极推进镇宁融入中心城区组团发展，推动关岭、紫云建设成为区域中心城市。围绕"交通枢纽型、旅游景观型、绿色产业型、工矿园区型、商贸集散型、移民安置型"的建设要求，抓好50个示范小城镇建设。全面推广"1N"镇村联动模式，继续推进"四在农家·美丽乡村"六项行动计划，大力实施改善农村人居环境"10N"工程，到2020年，建成100个以上特色美丽乡村。构建"城在绿中，湖在城中，山环水绕，人行景中"的山水园林城市特色。实现山水、田园、城镇、乡村、社区各美其美、美美与共，让居民望得见山、看得见水、记得住乡愁。

习得领会

一、认识社区

在中国，"社区"一般是指聚居在一定地域范围内的人们所组成的社会生活共同体。一个社区应该包括一定数量的人口、一定范围的地域、一定规模的设施、一定特征的文化、一定类型的组织。

安顺某小区

社区夜景

在不同时期，社区的类型、规模是不同的。农业社会人们为了生存发展需要定居于某个地区，于是出现了村庄这样一种社区。随着社会经济、政治、文化的发展，在广大乡村社区之间又出现了城镇社区。自工业革命以来，人类社区进入了城市化的过程，不但城市社区的数量日益增多，而且城市社区的经济基础与结构功能都不同于以往的社区，其规模日益扩大，出现了许多大城市、大都会社区。

思考

1. 社区的类型有哪些？导致社区的类型和规模发生变化的原因是什么？
2. 城市里的小区，如安顺市幸福小区是一个社区吗？

二、绿色社区

狭义的绿色社区是指具备了一定的符合环境保护要求的设施，建立了较为完善的环境管理体制和公众参与机制的社区；广义的绿色社区指的是实现了环境保护和可持续发展的社会生活共同体。

社区绿化带

绿色社区是在传统社区的基础上将"人与自然和谐共生"作为主旨，从社区的开始设计到消费、管理始终贯彻绿色的理念，让社区达到既保护环境又有益于人们的身心健康，同时又与城市经济、社会、环境的可持续发展相统一。

绿色社区需要的"硬件"和"软件"

绿色社区包含有"硬件"和"软件"两方面的要求。

"硬件"方面包括绿色建筑物的建造、社区绿化、垃圾分类、清洁能源的使用和绿色农业的发展。

1. 绿色建筑物的建造

以往的社区建设只是考虑人们住房面积的大小，而绿色社区不仅要考虑人们居住的空间，还要考虑房屋的建设材料，主要是考虑对人体健康的影响。

2. 社区绿化

加强社区内及周边的绿化建设，积极修建园林、绿地，使之达到一定标准，为社区居民营造一种舒适、和谐与休闲的氛围，有利于人们的身心健康和人们之间的相互沟通。

3. 垃圾分类

垃圾遍地的社区不可能是绿色社区。社区内的所有污染源治理要设施齐备并要保证正常使用，社区内的垃圾要按要求分类处理，分别投入指定分类收集箱，不得混装、混投，更不得随意丢弃垃圾。

4. 清洁能源的使用

有条件的地方应积极推广使用液化气、管道煤气等清洁能源，对一些目前暂不具备条件的社区也应向其中的单位和住户开展宣传，推广使用其他清洁能源。

5. 绿色农业的发展

绿色农业对绿色社区建设的作用主要体现在两个方面，一是起整体环境保护作用，二是直接作用于农村绿色社区的建设。

"软件"方面主要是"九个一"，即一个由政府各有关部门和社会各界参与的联席会，一套先进的环境管理体系，一个清洁舒适的生活环境，一道造型优美、人与自然和谐的园林绿化景观，一种保护动植物、人与生态共发展的行为意识，一支起先锋骨干作用的绿色志愿者队伍，一块普及环保科学知识的宣传阵地，一定数量的绿色文明家庭和一种绿色健康的生活方式。

三、为什么要创建绿色社区

问题

你知道的国家城市创建工作有哪些？安顺市的"五创"工作分别是什么？和绿色社区有联系吗？

人类只有一个地球，伴随着经济社会的发展，人类对地理环境的过度及不合理开发导致生存危机日趋严重，可持续发展已是全人类的共识，人地关系的和谐是可持续发展的根本。而社区是人们安身立命、生活栖息的场所，是地理环境的组成细胞和基层单位，是展示地区风采和面貌的窗口。一个绿色、健康的社区对于人类的生存和发展具有重要的意义。

创建绿色社区就是让环保成为大家的生活方式。要彻底消除或消灭垃圾是不可能的，关键在于我们每个人对待消费、生活、资源和垃圾的态度。钱是自己的，资源是社会的。态度决定了每个人的生活方式。可以说，创建绿色社区是一项改变人们生活态度的系统工程。

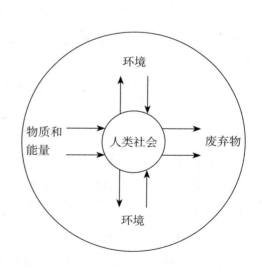

人类社会和环境的关系

创建绿色社区是把节能减排要求落实到千家万户的载体。创建绿色社区最重要的一条就是从如下三个方面从源头减少垃圾的产生：一是在社区倡导和推行垃圾减量化、资源化和无害化；二是在居民中倡导和提倡节能、节水、节电等行为；三是在社区和居民中广泛推行垃圾分类回收。一个社区、一户居民能够做到以上三条，就是对节能减排的最大贡献；如果每个社区、千家万户都能做到，那么节能减排就可以落实到千家万户了。

创建绿色社区就是要建设宜居城乡。中国绿色社区创建活动于2001年启动，已表彰国家级绿色社区263个。国家卫生城市、园林城市、环境模范保护城市的创建都是绿色社区建设的一部分。建设生产发展、生活富裕、生态良好、社会和谐、人民群众充满幸福感的宜居城市、城镇和村庄是国家、社会和人民的需求。

〔问〕〔题〕

1. 环境问题是如何产生的，主要包括哪些类型？

2. 绿色社区的建设体现了怎样的思想？

四、如何创建绿色社区

随着公众环境意识的逐渐提高，环境保护已深入到社会生活的各个方面。当前世界各国都在大力发展和完善绿色社区的建设，并制定和采取了一系列计划和措施来保证绿色社区的建设。2004年6月5日，国家环保总局在北京举办了全国绿色社区创建活动，并首次颁布了全国统一的绿色社区标志。

绿色社区标志

行动实践

（1）怎样才能把我们居住的社区建设成绿色社区？请把你们相关的想法和问题存入"问题银行"。

序号	存在的问题	解决的办法	备注
1			
2			
3			
4			

（2）和发达国家相比，中国绿色社区的建设有何突出的特点？为了共创美好的家园，实现可持续发展的宏伟战略，我们能为创建绿色社区做点什么呢？结合所学知识，完成下面讨论。

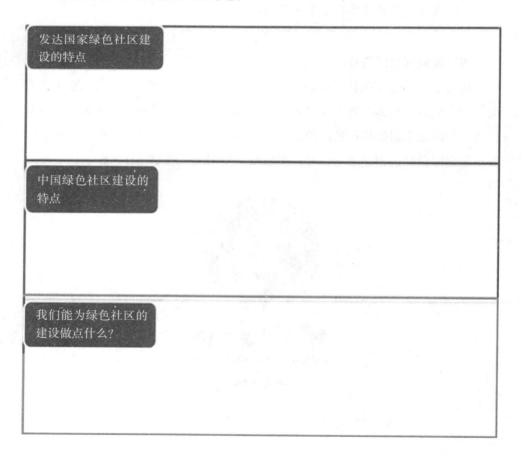

发达国家绿色社区建设的特点

中国绿色社区建设的特点

我们能为绿色社区的建设做点什么？